Unforgettable Adventures

STEVE WATKINS
UND CLARE JONES

Unforgettable Adventures

Die 40 besten Abenteuer, die Sie erlebt haben müssen

BRUCKMANN

BBC BOOKS

For1
3 For1
SLOTS

INHALT

Einleitung

Man kann vielerlei Reisen unternehmen und Erfahrungen machen, damit ein Ausflug aber wirklich unvergesslich bleibt, muss er über das Alltägliche hinausgehen und sich durch etwas Ungewöhnliches auszeichnen. Das kann die Begegnung mit einer besonders eindrucksvollen Landschaft und Natur sein oder ein neuer, ungewohnter Weg, Land und Leute zu betrachten. Wesentlich ist dabei, dass diese Erfahrungen durchführbar sind und keine extremen Anforderungen stellen.

Nie zuvor waren wir so mobil wie heute. Innerhalb von 24 Stunden können wir durch die mongolische Steppe reiten oder, um einem Wochenende daheim zu entgehen, uns für einen Bummel am Samstagabend durch einen marokkanischen Suk entscheiden. Der Wunsch, der Routine des Alltags zu entfliehen und etwas Ungewöhnliches zu unternehmen, steckt in uns allen und verstärkt setzen wir auch diese Sehnsucht um. Zunehmend verzichten die Menschen auf einen bloßen Badeurlaub zugunsten neuer Erfahrungen, die Körper, Geist und Seele herausfordern.

Trotz vieler Horrormeldungen über Unruhen und Konflikte in aller Welt gibt es noch mehr friedvolle und außergewöhnliche Orte, als man denkt, die es zu entdecken gilt. Ob es sich um ein Ereignis handelt, das man mit anderen 15 000 Menschen teilt, wenn man in der Arena von Verona einer Opernaufführung folgt, oder allein an Namibias Skelettküste die hohen Sanddünen bestaunt – die Wirkung ist stets dieselbe: Geist und Seele werden durch das Erlebte beflügelt.

Die Attraktionen, die wir als 40 unvergessliche Ziele auswählten, sind schon an sich ungewöhnlich. Doch erst der einzelne Augenblick oder ein bestimmtes Detail führt dazu, dass sie sich uns dauerhaft einprägen. Das kann ein Bär sein, der in den kanadischen Rockies einem Eichhörnchen nachsetzt, der Anblick der Huskys, die in Schwedens Pulverschnee ausgelassen den Schlitten ziehen, oder die Beobachtung eines verirrten Jungtieres in der Serengeti, das einer Hyäne zu entkommen versucht. Diese dramatischen und erhabenen Momente bilden das Ungewöhnliche eines Erlebnisses. Dabei gelang es uns nicht, sie alle mit der Filmkamera festzuhalten, und wir mussten uns mit der Einsicht begnügen, dass es beim Reisen wichtig ist zu wissen, wann man die Kamera beiseite legt und das Gesehene nur beobachtet.

Wir hoffen, dass Sie Freude haben an unseren unvergesslichen Erfahrungen, wohl wissend, dass sie sich nicht mit den Ihrigen decken.

Sie dienen nur als Erinnerung daran, was Sie vielleicht bereits unternommen haben, oder als Anregung für künftige Unternehmungen, sollen Sie aber auf die Vielfalt an Abenteuern hinweisen, die man erleben kann.

Die Karte auf Seite 252/3 zeigt die Schauplätze der im Buch erzählten Erlebnisse. Unserer Auswahl lagen mehrere Kriterien zugrunde. Alle Ausflüge dauern höchstens zwei Wochen, etliche davon auch nur eine Woche, und sie können unterschiedlich individuell unternommen werden. Sicherlich werden Sie einige Ziele vermissen, z. B. das Große Barriereriff in Australien und den Grand Canyon in den USA; Sie finden sie aber in dem bereits erschienenen Band *Unforgettable Places – die 40 schönsten Reiseziele, die Sie gesehen haben müssen.*

Wir waren bestrebt, in die Exkursionen ein Element einzubauen, das sie einzigartig macht. Eine Safari in der Serengeti etwa ist schon an sich etwas Besonderes, egal wie Sie dabei reisen; das »Sahnehäubchen« ist aber die Entscheidung zugunsten eines Privatwagens, einer Unterkunft im Luxuscamp mit Drei-Gänge-Menü und eines persönlichen Führers, der die Wanderrouten der Tiere genauestens kennt. Dadurch erst wird Ihre Safari »unvergesslich«. Manche Touren kann man auch mit etwas knapperem

Geldbeutel durchführen, dennoch stellten wir fest, dass die »Luxus«-Versionen ihr Geld stets wert waren. Zugleich strebten wir eine geografische und inhaltliche Vielfalt der Ziele an.

Unserer Auswahl ging ein reiseintensives Jahr voraus, in dem wir quer durch fünf Kontinente über 280 000 km zurücklegten und dabei in der Wüstenhitze, in feuchten Regenwäldern und eisiger Kälte Aufnahmen machten. Zeitraubend waren die Tourenvorbereitungen, bei denen uns zahlreiche Personen, Institutionen und Gesellschaften halfen, die auf den Seiten 254/5 aufgeführt sind. Wir entschieden uns nur für solche Ziele, die allgemein zugänglich und durchführbar sind – was Sie im Buch also lesen und sehen, werden Sie sehr wahrscheinlich auch erleben.

Egal, ob Sie schon viele denkwürdige Reisen unternommen haben, ob Sie eines Tages vielleicht nur eines der Ziele dieses Buches ansteuern oder im Sessel die beschriebenen Touren genießen, Sie gehören zur großen Gemeinschaft von Reisenden – Menschen, die ihre Abenteuerlust ausleben, um die Welt um sich zu entdecken.

Steve Watkins und Clare Jones, 2005

Hundeschlittenfahrt
Klocka, Schweden

Die märchenhafte Winterlandschaft von Jämtland mit ihren Tannenwäldern, eisbedeckten Seen und sanften Bergen ist ein kaum bekanntes Paradies für Hundeschlittenfahrten. Wegen der frostigen Außentemperaturen, in denen eine solche Tätigkeit stattfindet, ist es angemessen, den Tag mit einer traditionellen schwedischen Sauna und einem Gläschen Hochprozentigem zu beschließen. Dies alles bietet das unbekannte Klocka.

Unweit der norwegischen Grenze, im bergigen Hochland der Region Sylarna, liegt das winzige Dorf Klocka am Ufer des malerischen Sees Ånnsjön. Gelegentlich sieht man Raubvögel ihre Kreise über dem See

Schlittenhunde in der einsamen Schneelandschaft von Gråsjølien in der milden Wintersonne

Huskys während einer wohlverdienten Pause

ziehen, während Rentiere sich bis ans Wasser heranwagen. Mitten in dieser Wildnis steht Klocka Fjällgård, ein alter ehemaliger Bauernhof, den der bekannte schwedische Möbeldesigner Nirvan Richter zu einem schmucken Hotel umgewandelt hat, in dem die traditionelle Sauna nicht fehlt.

Bald schon nimmt das Abenteuer seinen Anfang, doch seien Sie gewarnt: Allein schon die Annäherung an den Hundezwinger versetzt diese intelligenten und charaktervollen Hunde in helle Aufregung; sie beginnen zu jaulen, springen wild umher und sind kaum mehr zu halten. Und es dauert eine Weile, bis sie vor den Schlitten eingespannt sind, zunächst die Zughunde und an der Spitze der Leithund. Wie der Musher von Klocka beiläufig bemerkt, muss man den Hunden nicht beibringen, dass sie ziehen müssen, sondern dass sie halten müssen.

Auf dem Weg zu den sanft gewellten Hügeln von Vallrun

Schlittenhunde können an einem Tag bis zu 50 km zurücklegen.

Es ist unmöglich, nicht beeindruckt zu sein von der Kraft und Ausdauer der Schlittenhunde. Nachdem sich die Hunde wild losstürmend in Bewegung gesetzt haben, finden sie bald zu einem gleichförmigen Rhythmus, mit dem sie den Schlitten scheinbar mühelos durch die unendliche, tief verschneite Landschaft ziehen.

Während es durch dichten Wald aufwärts in die Vallrun-Berge nordöstlich von Klocka geht, wirft die Wintersonne, die sich hier nie hoch über dem Horizont erhebt, lange Schatten auf Hunde und Schlitten. Die milden Sonnenstrahlen sind willkommen, denn in diesen Breiten liegt die Außentemperatur weit unter Null Grad. Deshalb sollte man hinsichtlich der Kleidung einen Rat beherzigen: Nur das Wärmste anziehen und je mehr, desto besser. So eingemummt, mag man einem unförmigen fremden Wesen ähneln, aber die Kälte dringt sonst unerbittlich in die Knochen.

Der Gebirgssee Södra Gråsjön ist der einzige flache und offene Abschnitt der Schlittenfahrt, und man ist versucht, seine frisch erworbenen Kenntnisse zu testen und die Tiere zu schnellerer Fahrt

Sonnenuntergang über dem von Nebel eingehüllten See Ånnsjön in Klocka Fjällgård

Glühend roter Sonnenaufgang über Klocka Fjällgård

anzuspornen und in weiten Schleifen zu fahren. Indem man den Huskys Befehle zuruft, um nach links oder rechts zu wenden, merkt man enttäuscht, dass die erwartete Reaktion der Tiere ausbleibt; sie können nämlich sehr wohl einen ungeübten Musher erkennen und finden daher ihren eigenen – und damit den besten – Weg, um den steilen Aufstieg nach Gråsjölien, einem Aussichtspunkt, zu schaffen, wo man eine willkommene Rast einlegt.

Wir befinden uns nicht in der schier unendlichen Weite Alaskas, aber die Schönheit einer Hundeschlittenfahrt besteht eben darin, dass sie in Einklang mit dieser friedlichen menschenleeren Natur steht. Und die Hunde lieben ihre Arbeit, denn ungeduldig warten sie auf das Zeichen loszulegen. Kaum dass sie in Bewegung ist, scheint die Meute diesmal die Befehle der frisch gekürten Musher zu beherzigen und fliegt ungestüm los. In halsbrecherischem Tempo geht es zurück zum Hotel, als wüssten die Hunde, dass unsere Gedanken bei einer entspannenden Sauna sind.

Sonnenuntergang über dem See Ånnsjön

ⓘ

In Klocka reicht die Saison für Hundeschlittenfahrten von Mitte Dezember bis – je nach Schneeverhältnissen – Ende April; die beste Zeit ist aber ab Februar, wenn es allmählich wärmer wird. Der nächste Flughafen von Klocka ist in 125 km Entfernung in Östersund und wird mehrmals täglich von der SAS angeflogen. Im Hotel Klocka Fjällgård kann man auch Touren mit dem Snowmobil sowie Hundeschlittenfahrten und den Transfer von und zum Flughafen buchen.

Im Traumland der Aborigines

Kakadu, Australien

Das entlegene Northern Territory, oft auch »Gottes eigenes Land« genannt, ist die urtümlichste aller Landschaften Australiens. Hier, in Arnhemland, befindet sich auch der Kakadu Nationalpark, der mit rund 20 000 km^2 Australiens größtes Naturschutzgebiet ist und zum UNESCO-Weltnaturerbe zählt. Er vereint weites Schwemmland, unberührte Regenwälder, eine reiche Tierwelt und eine uralte mythologische Tradition der Ureinwohner. Am besten erschließen sich dem Besucher diese Schätze auf einer Safari im Geländewagen.

Turmartige Termitenbauten ragen meterhoch im Grasland des Kakadu Nationalparks empor.

Allradantrieb ist wesentlich für die Fahrten im Gelände.

Der Kakadu Nationalpark liegt rund 250 km östlich von Darwin, der Hauptstadt des Bundesstaates Northern Territory, und kann über den Stuart Highway bequem erreicht werden. Der Park wurde 1979 rund um das Einzugsgebiet des South Alligator River gegründet und umfasst über 1600 Pflanzenarten, 300 Vogelarten und mehr als 5000 bekannte Zeugnisse an Felsenmalereien der Aborigines, der australischen Ureinwohner. Ein Besuch dieser unberührten Wildnis, die man zwar mühelos erreicht, gleicht einem Eintauchen in eine Welt,

Blick vom Aussichtspunkt Gunwardewarde auf den Nourlangie Rock

Frucht der Sagopalme

wie sie nach dem Verschwinden der Saurier geherrscht haben muss und die den Besucher zugleich unsere moderne Welt vergessen lässt.

Der Kakadu Nationalpark bietet eine gut ausgebaute Infrastruktur, sodass mit dem Auto viele Attraktionen erreichbar sind, so auch der an Höhlenkunst reiche Nourlangie Rock. Die bis zu 20000 Jahre alten Zeugnisse befinden sich in Höhlen sowie an den Außenwänden der Überhänge dieses verwitterten Sandsteinmonoliths. Die Felsmalereien erschließen sich dem Besucher am ehesten, wenn man dem markierten Pfad in umgekehrter Richtung folgt und den Fels zunächst vom Aussichtspunkt Gunwardewarde betrachtet.

Im Mittelpunkt der Felsmalereien und -ritzungen des Nourlangie Rock stehen Geschichten aus der Traumzeit (der Schöpfungszeit) der Ureinwohner und das Alter der Kunstwerke reicht aus vorgeschichtlicher Zeit bis zu Übermalungen der 1970er-Jahre. Bemerkenswert ist die Anbangbang Gallery am Fuß eines Felsüberhangs: Sie zeigt Namondjok, den Urschöpfer, neben einer bizarren, skelettartigen weißen Figur, Namarrgon, die als Lichtmensch bekannt ist.

So leicht zugänglich sie auch sind, für die Entdeckung der verborgenen Schönheiten des Parks sind ein Geländewagen und ein erfahrener Führer unverzichtbar. Maguk oder Barramundi Gorge ist eine tiefe, enge Schlucht, zu der ein schmaler Sandweg führt, wo man neben Emus und Kängurus auch den Kookaburra bestaunen kann, einen Vogel, der wegen seines charakteristischen, abgehackten Rufs auch »lachender Hans« genannt wird.

Eine weithin unbekannte und selbst in Reiseführern kaum erwähnte Attraktion ist Graveside Gorge, ein paradiesisches, von einem Wasserfall gespeistes natürliches Becken, das von roten Felswänden eingeschlossen wird. Zu ihm führt ein herrlicher Wanderweg, den mehrere Meter hohe Termitenbauten sowie stattliche Palmfarne säumen. Diese Pflanzen mit ihren säulenförmigen Stämmen und

Nabulwinjbulwinj – ein gefährlicher Geist

Das natürliche Wasserbecken in der Graveside Gorge verlockt zum Schwimmen, doch muss man sich vor Krokodilen hüten.

großen Wedelblättern sind ein Relikt eines fernen Erdzeitalters und werden bis zu 2500 Jahre alt.

Wer ein weiteres Highlight erleben möchte, kann sich für eine Bootsfahrt auf den Yellow Waters, einem Schwemmland im Einzugsgebiet des South Alligator River, entscheiden. Der Anblick seltener Vögel lässt das Herz eines jeden Vogelfreundes höher schlagen, während in Brackgewässern und Mangrovensümpfen die bis zu 6 m langen Leistenkrokodile, eine der drei Salzwasserkrokodilarten, lauern. Und sollte eine dieser Riesenechsen langsam ins Wasser gleiten und sich dem Boot nähern, so mag dieses noch so groß sein, sicherlich geht der Puls der Touristen nach oben. Der Kakadu Nationalpark beweist einmal mehr, wie aufregend die Wildnis sein kann.

Blatt des Schraubenbaums (Pandanus)

ⓘ

Darwin wird von etlichen Fluggesellschaften angeflogen, darunter Quantas Airlines und Malaysian Airlines, während Quantas und Virgin Blue Inlandflüge ausrichten. Informationen finden sich unter der Website (www.australia.com) der australischen Tourismusbehörde. Rund um den Kakadu Nationalpark gibt es einige Hotels, zu empfehlen ist aber die Buchung einer Safari über eines der in Darwin ansässigen Reisebüros, die Camps mit Zelten im Park unterhalten. Da es sehr heiß werden kann, sollte man stets Trinkwasser mitführen. Krokodilangriffe sind zwar selten, doch sollte man jede mündliche oder schriftliche Warnung vor Schwimmen an unerlaubten Stellen sehr ernst nehmen.

Schraubenbaum-Frucht

Echse auf der Lauer

Wandern auf dem Weg zur Maguk Gorge genannten Klamm

Die Meerenge überqueren

Istanbul, Türkei

Die Galata-Brücke überquert das Goldene Horn und führt zur Suleimaniye-Moschee.

Der Große Basar

Nirgendwo treffen Geschichte, Kultur und Religion von Ost und West so eng aufeinander wie in Istanbul, der von Minaretten beherrschten Kultur- und Wirtschaftsmetropole der Türkei. Vom Großen Basar mit der Überfülle an exotischen Gewürzen und den prächtigen Moscheen bis zu den schicken Boutiquen im Stadtviertel Beyoglu – und ein Spaziergang durch diese beiden Welten führt zu immer neuen Entdeckungen.

Istanbul, das zunächst Byzantium und dann Konstantinopel hieß, erstreckt sich beidseitig der Meerenge des Bosporus, während das Goldene Horn ins Marmarameer hineinragt. Dank seiner bevorzugten geographischen Lage – der Westteil der Stadt liegt in Europa, der östliche in Asien – war es über Jahrhunderte hinweg ein Zentrum

bedeutender Zivilisationen. Byzantiner, Römer und Osmanen – sie alle prägten seine Entwicklung. Unter Istanbuls Herrschern war es Sultan Süleiman der Prächtige, der während seiner 46-jährigen Regierungszeit (1520–1566) die Stadt am nachhaltigsten beeinflusste.

Er ließ einige der bedeutendsten Bauwerke Istanbuls errichten und ausbauen, darunter den weitläufigen Topkapi-Palast, der sich auch als Ausgangspunkt für eine Entdeckungstour der Stadt gut

Gläubige bereiten sich für das Gebet in der Suleimaniye-Moschee vor.

eignet. Der Palast, den man durch das Mitteltor betritt, liegt auf einer Anhöhe, die das Marmarameer und das Goldene Horn überragt. Ein großartiger Ausblick auf die Stadt und das Meer bietet sich von der offenen Terrasse am Ende des vierten Innenhofs sowie vom Restaurant des Mecidiye Köşkü aus. Weitere Höhepunkte des Topkapi-Palasts sind die mit bunten Kacheln reich dekorierten Haremsräume sowie die Schatzkammer mit ihren herrlichen Exponaten.

Von Topkapi gelangt man durch den großen Sultan-Ahmet-Park zur herrlichen Sultan-Ahmet-Moschee mit ihren sechs schlanken Minaretten und den zahlreichen Kuppeln. Im Inneren empfängt den Besucher gedämpftes Licht, das durch die dominierenden kühlen Blautöne der Dekoration verstärkt wird, die dem Gebäude auch den Namen Blaue Moschee eintrugen. Auch heute noch versammeln sich die Gläubigen zum Gebet in der Moschee.

Der Halbmond bekrönt die Hagia Sophia.

Der Topkapi-Palast

Schlendern im Topkapi-Palast

Wandmosaiken im Topkapi-Palast

Jenseits des Parks erhebt sich eines der berühmtesten Bauwerke der Welt – die Hagia Sophia (»Heilige Weisheit«), ein Meisterwerk byzantinischer Baukunst. Die von Kaiser Justinian zwischen 532 und 537 erbaute Kirche mit ihrer riesigen Kuppel wurde nach dem Fall Konstantinopels von den Osmanen in eine Moschee umgewandelt und 1934 zum Museum erklärt. Um das Innere in Ruhe zu betrachten, sollte man sich möglichst früh am Eingang einfinden.

Von der Hagia Sophia gelangt man nach Westen zum organisierten Chaos des Großen Basars, Istanbuls exotischer Vorläufer der modernen Malls. Mitunter hat man den Eindruck, als verkaufe jeder irgendetwas, von Töpfen, Pfannen und knallbunten Feuerzeugen bis hin zu kostbaren handgewebten Kelims. Der Basar mit seinem Gewirr überdachter Einkaufsstraßen vermittelt einen lebendigen Eindruck von der langen Tradition Istanbuls als blühendes Handelszentrum.

Hinter der Universität ragt das Juwel osmanischer Baukunst empor: die vom Baumeister Sinan 1557 vollendete Moschee Süleymaniye. Der große Saal beeindruckt durch die gleichmäßige Lichtführung, die durch die über 200 Fenster erzielt wird.

Auf der Galata-Brücke herrscht reges Treiben nicht zuletzt dank eines Straßenmarkts und der zahllosen Fischer, die hier ihr Glück versuchen. Am Wochenende stehen sie so dicht beieinander, dass man meint, sie wollten den ganzen Fischbestand rund um das Goldene Horn abfischen. Auf dem unteren Stockwerk der Brücke reihen sich Cafés, Bars und Restaurants aneinander, von denen aus man entspannt den lebhaften Fährenverkehr auf dem Wasser beobachten kann.

Jenseits der Brücke und das Beyoglu-Viertel dominierend, erhebt sich der von den Genuesen im 14. Jahrhundert erbaute Galata-Turm, mit dessen Besichtigung man die Stadttour beenden kann. Der Blick vom Turm auf Alt-Istanbul mit der markanten Silhouette von Kuppeln und Minaretten, Kirchen und Moscheen ist in der Tat einzigartig.

Vierter Innenhof im Topkapi-Palast

ⓘ

Zwar kam es in Istanbul in den letzten Jahren zu wiederholten Bombenexplosionen, doch wurde der Alltag der Stadt dadurch nicht beeinträchtigt. Dennoch ist es ratsam, sich vor Reiseantritt bei den Behörden nach der jeweiligen Sicherheitslage zu erkundigen.

Schlanke Minarette prägen die Skyline von Istanbul.

Im Kajak durch die Mangroven in Placencia Caye

Urwald und Korallen

Chaa Creek, Belize

Baderaum mit Fernblick in Chaa Creek

Von den Ruinen der Maya-Kultur und dem Urwald im Landesinneren rund um den Chaa Creek bis zur traumhaften Karibikküste, das kleine mittelamerikanische Land bietet eine Fülle von Attraktionen, die man zu Fuß, im Kajak paddelnd oder schnorchelnd erleben kann.

Belize hat als Nachbarstaaten Guatemala und Mexiko, mit denen es das reiche Maya-Erbe teilt, dessen wichtigste Stätten sich in Xunantunich, Caracol und Lubaantun befinden. Im Herzen des Landes erstrecken sich riesige Wildparks, wie z. B. der Cockscomb Basin Wildlife Sanctuary mit seinen reichen Jaguarpopulationen. Hinzu kommt eine einzigartige Küste mit einer Vielzahl vorgelagerter kleiner Inseln (Cays) und einem Barriereriff, das mit über 290 km Länge das größte seiner Art in der westlichen Welt ist. Schließlich weist auch die Kultur unverwechselbare Merkmale auf. Belize ist eben mit keinem anderen Land vergleichbar.

El Castillo in Xunatunich

Chaa Creek, eine mitten im Urwald, aber umweltfreundlich angelegte und daher vielfach ausgezeichnete Feriensiedlung, liegt am Macal River im äußersten Nordwesten des Naturschutzgebiets Mountain Pine Ridge Forest Reserve. Auf Dschungelpfaden kann man in Wanderungen unter riesigen Palmwedeln die einzigartige Flora mit den rund 250 Orchideenarten kennen lernen, so auch die Schwarze Orchidee (Encyclia cochleata), die Nationalblume Belizes. Wie andernorts auch, so sind auch hier die Tiere des Regenwaldes recht scheu, doch sicherlich bekommt man den einen oder anderen leuchtend gefärbten Schmetterling zu Gesicht.

Der Macal River ist ein Zufluss des Mopán River und bildet die Südgrenze dieses Schutzgebiets. Eine Kanu- oder Kajakfahrt bis zur Ortschaft San Ignacio, wo er in den Mopán River mündet, ist eine ideale Halbtagsexkursion. Da der Macal gemächlich dahinfließt, eignet er sich bestens auch für Anfänger. Außerdem kann man auf diese Weise die zahlreichen Tiere beobachten, die hier einen idealen Lebensraum finden, darunter Flussottern, Eisvögel und Silberreiher.

Steinerne Masken zieren die Außenfriese von El Castillo in Xunatunich.

Sonnenuntergang an der Bar von Turtle's Inn

Unweit von Chaa Creek befindet sich die bedeutende Mayastätte Xunantunich (Steinerne Frau), zu der man vom Dorf San José Succotz aus mit einer handbetriebenen Fähre über den Mopán hinübersetzt. Die Ruinen stammen aus spätklassischer Zeit (um 650–700 n. Chr.), über die damaligen Bewohner weiß man aber kaum etwas. Sicher ist, dass es sich um einen wichtigen Zeremonienort handelt, den um 900 ein starkes Erdbeben zerstörte. Die Hauptattraktion ist El Castillo an der Südseite des großen Platzes: eine 40 m hohe Pyramide, auf deren einer Seite breite steinerne Stufen zur Spitze führen. Der Aufstieg ist etwas mühevoll, doch belohnt er mit einem Panoramablick über den Regenwald bis weit nach Guatemala hinein.

Auf einem reizvollen Ausflug gelangt man aus dem Bergland über eine Straße, die mitten durch dichten Urwald führt, bis hinunter zum Blue Hole National Park, dessen Hauptattraktion ein etwa 7,5 m tiefes kristallklares Wasserloch ist, sowie zum Cockscomb Basin Wildlife Sanctuary. Setzt man die Fahrt auf dem Southern Highway nach Süden fort, erreicht man die Küste und kurz darauf die lang gezogene Halbinsel Placencia, wo die Kultur der Garifuna (oder Schwarzen Kariben) auch heute noch lebendig ist.

Nördlich der gleichnamigen Stadt Placencia liegt das Turtle Inn, dessen Besitzer der berühmte US-Regisseur Francis Ford Coppola ist. Das Traumhotel in balinesischem Stil ist zweifelsohne der ideale Ort, um den Sonnenaufgang über den der Küste vorgelagerten Inseln, den Cays, oder die über der Lagune untergehende Sonne zu betrachten. Man kann hier herrlich entspannen, indem man sich dem Müßiggang hingibt oder aber im Kajak zur nahen Insel Placencia Caye paddelt, um Pelikane zu beobachten, wie sie im Sturzflug nach Fischen suchen. Wer gern schnorchelt, erlebt unvergessliche Momente auf Laughing Bird Caye mit seinem weißen Korallensand und dem türkisfarbenen Wasser. Die Trennung fällt aber etwas leichter, wenn man an die köstlichen Cocktails denkt, die man in der Abenddämmerung an der Strandbar des Turtle Inn genießen kann.

Flügel des blauen Morpho menelaus

ⓘ

Belize ist ein politisch stabiles Land und unterscheidet sich in vielerlei Hinsicht von seinen Nachbarn. Mit Englisch kommt man überall sehr gut zurecht. Das Verkehrsnetz wird ausgebaut, umfasst derzeit aber nur drei Hauptstraßen. Chaa Creek bietet Unterkünfte in strohgedeckten Hütten (Cabanas) und Landhäusern. Der Bootsverleih ist im Preis inbegriffen. Sowohl Chaa Creek als auch Turtle Inn können über spezialisierte Reiseveranstalter gebucht werden.

Turtel Inn im Sonnenuntergang

Weingarten in Château Phelon Segur

Bordeaux, der Inbegriff des französischen Rotweins und die Heimat einiger weltbekannter Marken wie Château Mouton Rothschild und Château Margaux, ist der ideale Ort, sich mit der Weinherstellung vertraut zu machen und einige Sorten zu testen. Es gibt viele Möglichkeiten, die verschiedenen Weinkeller der Region kennen zu lernen, ein einmaliges Erlebnis bleibt aber zum Beispiel ein Weinseminar in einem vornehmen Schloss und unter der kundigen Anleitung eines Weinexperten.

Im Département Gironde, entlang dem Lauf von Garonne und Dordogne, die gemeinsam den Mündungstrichter der Gironde bilden, liegt die berühmte Weinbaulandschaft Bordeaux. Der Ruf ihrer Weine gründet vor allem auf den unterschiedlichen Eigenschaften des Bodens, der Lage und der Höhe der Güter, die zusammen als »terroir« bezeichnet werden. Im Lauf einer über 2000-jährigen Tradition lernten die hiesigen Weinbauern die Bedeutung kennen, die z. B. ein stark kiesel-, sand- oder tonhaltiger Boden oder die Ausrichtung der einzelnen Lagen eines Weinguts hat. Zusammen mit dem fast magisch wirkenden Herstellungsprozess bilden sie das Geheimnis für die Vielfalt der edlen Rot-, Weiß- und Dessertweine dieser Region.

Weinkostprobe im Schloss

Bordeaux, Frankreich

Bäume säumen die Allee zum Château Margaux.

Château Pichon-Longueville Baron in Pauilliac

Unter den 57 Appellationen, d.h. den gesetzlichen Herkunftsbezeichnungen der Weine dieser Region, sind Saint-Emilion, Médoc und Margaux die berühmtesten, wobei Letzteres auch wegen des Château selbst mit seiner eleganten Säulenfassade einen Besuch lohnt. Auch die weniger bekannten der über 700 Weingüter dieser Region sind nicht zu vernachlässigen. Saint-Julien-Beychevelle, westlich der Gironde-Mündung gelegen, produziert die Sorte Château Léoville-Barton, während in Pomerol, östlich der Gironde, der Château Gazin nennenswert ist. Über die Gironde setzt man am besten bei Blaye mit einer kleinen Fähre über. Entlang der Mündung fallen hier die traditionellen hölzernen Fischerhütten auf, die mit runden Netzen geschmückt sind, welche an langen Auslegern hängen.

In Bordeaux gibt es zwar auch große Weißweine, weltweit berühmt sind aber die Rotweine, die u.a. aus den Rebsorten Cabernet Sauvignon und Merlot stammen, wobei erstere für ihr kräftiges Bukett und die Gerbsäure und letztere für ihren milden Charakter bekannt ist. Die im Médoc erzeugten Weine werden seit 1855 klassifiziert und in Grand Cru (als Oberste Stufe), gefolgt von Cru Bourgeois und Cru Artisan unterteilt. Die Preise für herausragende Jahrgänge, wie etwa 1961, erreichen astronomische Höhen. In Orten wie Saint-Emilion mit seinen engen, Gassen kann man die gewünschten Sorten auch zu erschwinglichen Preisen beziehen.

Für Neulinge erweisen sich Weinkostproben oft recht verwirrend, daher ist es empfehlenswert, sie unter Anleitung eines Experten vorzunehmen. Er hilft Ihnen, sich in den verschiedenen Fachbegriffen zurechtzufinden und sagt Ihnen, worauf es bei der Beurteilung der Qualität eines Rotweins ankommt. Neigen Sie leicht das Glas gegen das Licht, damit Sie die Farbe des Weins erkennen können, schwenken Sie es dann leicht, damit der Wein sein Bukett entfalten kann, und nehmen Sie anschließend einen Schluck.

Sonnenuntergang über den Reben des Weinguts Château Pichon-Longueville Baron

Speisen im Château Pichon-Longueville Baron

Nach erfolgter Weinkostprobe kann man den Tag angemessen ausklingen lassen, indem man z. B. »standesgemäß« im herrlichen Château Pichon-Longueville Baron diniert und übernachtet. Das ehrwürdige Schloss im Distrikt Pauilliac bietet eine überwältigende Panoramaaussicht auf die Gironde-Mündung. Seine von zwei Türmen begrenzte Fassade öffnet sich zu einem Teich hin und ist nicht nur tagsüber, sondern auch abends, wenn sie beleuchtet ist, ein Blickfang. In der Umgebung öffnen auch andere Châteaus ihre Pforten für

Hell erleuchtet erstrahlt das Château Pichon-Longueville Baron.

Edle Tropfen aus dem berühmten Weingut in Saint-Emilion

Touristen; einige Residenzen kann man nur über bestimmte Reiseveranstalter buchen, andere, wie etwa Château Cordeillan-Bages sind auch für Individualreisende zugänglich.

Ein Gourmet-Dinner ist die beste Gelegenheit, die erworbenen Weinkenntnisse zu testen und als Dessertwein auch den herrlichen leichten Sauterne zu probieren. Für welche Sorte auch immer man sich entscheidet, sie alle vereinen die unverwechselbaren Merkmale der Weinlandschaft Bordeaux.

Ein Muss für Weinkenner: der Weinkeller

Nicht alle Weingüter der Region bieten Weintouren oder Übernachtungsmöglichkeiten an. Daher empfiehlt es sich, sich vor Antritt der Reise danach sowie gegebenenfalls nach den Öffnungszeiten für die Weinkostproben zu erkundigen. Bei ausgewiesenen Reiseveranstaltern kann man auch mehrtägige Weinseminare in der Region Bordeaux buchen.

Rafting-Abenteuer
Sambesi, Sambia

Starke Gefälle und fünf Stromschnellen zählen zu den Highlights der Rafting-Tour.

Eine Rafting-Tour auf Afrikas mächtigem Strom Sambesi lässt den Adrenalinspiegel steigen, nicht zuletzt auch dank der gefürchteten Stromschnellen, die man passieren muss.

Der Sambesi, mit 2736 km der längste Fluss des südlichen Afrika, entspringt im Nordwesten Sambias und durchquert sechs Länder, bis er in den Indischen Ozean mündet. Auf seinem langen Weg formt er auf unverwechselbare Art die Landschaft und bildet im Grenzgebiet von Sambia und Simbabwe, nahe der Stadt Maramba, die spektakulären Victoriafälle. Hier stürzt der fast 2 km breite Strom 120 m tief in die Batoka-Schlucht, die sich den Ruf eines Paradieses für Rafting-Fans verschafft hat.

Wasser spritzt hoch über den Bug des Bootes.

Die Stille oberhalb der Wasserfälle bietet Lebensraum für Giraffen, Elefanten, Flusspferde, Krokodile und zahllose Vogelarten, wird aber zunehmend erschüttert, je stärker man sich diesem einzigartigen Naturschauspiel nähert. Bei hohem Wasserstand stürzen bis zu 550 000 Kubikmeter Wasser pro Minute tosend in die Tiefe und lassen am Grund der Schlucht wilde Stromschnellen entstehen.

Die beste Aussicht auf die Wasserfälle genießt man auf sambischer Seite, wenn man den markierten Pfaden bis zur Knife Edge Bridge folgt. Diese kühne Konstruktion in Schwindel erregender Höhe führt den Besucher auf eine im Fluss gelegene Insel oberhalb der Wasserfälle, von wo aus man den Strom in dem engen Abgrund verschwinden sieht, der von tropischem Regenwald umrahmt wird. Aus der Tiefe schießt ein Teil der gewaltigen Wassermassen als riesige, bis zu 500 m hohe Gischtwolke wieder in die Höhe, die sogar noch in einer Entfernung von 70 km sichtbar ist. So erklärt sich auch der Name Mosi-oa-tunya (»Donnernder Rauch«), wie die Einheimischen die Victoriafälle nennen.

Sicherheits-Kajaks folgen jedem Schlauchboot.

Die Wasserfälle sind schon an sich ein einzigartiges Naturschauspiel, das wahre Abenteuer verbirgt sich aber erst weiter flussabwärts. Wenn Ihnen wilde Wasserstrudel und Stromschnellen erst den richtigen Adrenalinschub verleihen, dann ist der Sambesi genau das Richtige für Sie: eine Rafting-Tour in einem Schlauchboot in der Schlucht, wo die Wassermassen sich tosend zu Tal stürzen.

Die 25 befahrbaren Stromschnellen folgen kurz aufeinander und bilden die längste für Rafting-Touren nutzbare Strecke der Welt. Sie werden von der British Canoe Union der Kategorie fünf zugeordnet und als »äußerst schwierig, mit langen und reißenden Stromschnellen, steilem Gefälle, großen Wirbeln« eingestuft. Furcht erre-

Erst aus der Vogelperspektive zeigt sich das einmalige Naturschauspiel der Victoriafälle.

Die Rafting-Tour auf dem Sambesi findet statt in der Batoka Gorge.

gend sind auch die Namen der einzelnen Stromschnellen; sie heißen zum Beispiel »Terminator«, »Straferlass« oder »Himmelsleiter« und lassen erkennen, dass sie kein Sonntagsspaziergang sind. Man kann eine eintägige Tour buchen oder auch eine mehrtägige Fahrt, die dann bis zum ruhigeren Abschnitt des Karibasse-Stausees führt. Dennoch müssen Sie, um an der Rafting-Tour teilnehmen zu können, nicht über einschlägige Erfahrung verfügen. Sie befinden sich in der Obhut erfahrener Führer, die Sie vor dem Start gründlich einweisen.

Auch genüssliches Paddeln bietet die Strecke.

Wenn Sie nach bestandenem Abenteuer immer noch etwas unternehmen wollen, aber zugleich entspannen möchten, können Sie oberhalb der Wasserfälle an einer gemütlichen Flussfahrt und Safari teilnehmen. Während das Boot durch den träge dahinfließenden Sambesi gleitet, können Sie die Tierwelt beobachten, doch sollten Sie nicht auf den Gedanken kommen, ein kühles Bad nehmen zu wollen – eine unerwartete Begegnung mit einem Flusspferd oder gar Krokodilen wäre dann sehr wahrscheinlich, aber sicherlich wenig erwünscht.

Erfahrene Bootsführer lenken die Boote.

ⓘ

Die Rafting-Touren hängen vom jeweiligen Wasserstand des Flusses ab. Im Januar ist der Wasserpegel am niedrigsten und nimmt bis Juni, wenn er am höchsten ist, beständig zu. Danach sinkt er erneut bis Dezember. Während eines niedrigen Wasserstands sind die Stromschnellen 1 bis 18 mit einer Gesamtlänge von rund 24 km für Rafting-Touren befahrbar. Bei hohem Wasserstand kann man zwischen den Stromschnellen 11 bis 23 auf rund 18 km Länge raften. Wer in einem Hotel in kolonialem Stil übernachten möchte, wählt das Royal Livingstone Hotel, das unmittelbar am Ufer des Sambesi liegt und Ausblicke auf die Wasserfälle flussabwärts bietet. Die verschiedensten Touren können vor Ort im Hotel gebucht werden.

Flugsafari
Skelettküste, Namibia

Das Tal der tausend Dünen unweit der namibisch-angolanischen Grenze

Namibias ungezähmte, tückische Skelettküste, die von stürmischer Brandung gepeitscht wird und von Schiffswracks übersät ist, präsentiert sich als eine Welt für sich. Die einzige Möglichkeit, dieses riesige Sandmeer und sein bergiges Innere zu erkunden, besteht darin, an Bord eines Kleinflugzeugs eine fliegende Safari zu unternehmen.

Knapp 30–40 km schmal und 500 km lang ist der Küstenstreifen, der sich nordwärts in Richtung Angola bis zum Fluss Kunene und nach Süden bis zum Fluss Ugab erstreckt und seit 1971 einen Nationalpark bildet. Dazwischen liegen die berüchtigten »heulenden« Dünenfelder der Namibwüste und hier leben die Menschen vom Stamm der

Von Purros im Hoarusib Valley startet der Abendflug.

Himba, während sich Flamingos, Strauße, Elefanten und Kolonien von Seelöwen im Hinterland die Weite teilen.

Es ist zweifellos Afrikas einsamste Küste und für die Schifffahrt eine der weltweit gefährlichsten überhaupt. Dichte Nebelbänke, Untiefen, Sandbänke und tückische Strömungen wurden Schiffen – und deren Besatzungen – zum Verhängnis, wenn sie sich zu stark der Küste näherten. Davon zeugen die dahinrostenden Schiffskörper, verstreut liegende Holzplanken sowie von Wind und Sonne gebleichte Knochen – letzte Überreste von Walen und Menschen.

Wenn man von Windhuk, der Hauptstadt Namibias, zur Safari der Lüfte startet, überfliegt man das Khomas Hochland und begegnet an

Das Dorf Himba im Hoarusib Valley

Von der Sonne ausgebleichte Walknochen am Strand von Cape Cross

der Küste bald dem ersten Schiffswrack – es stammt von der *Eduard Bohlen,* einem Dampfschiff, das in der Conception Bay auf Grund lief. Im Tiefflug geht es weiter nach Cape Cross, wo eine riesige Kolonie von rund einer Million Seelöwen bestaunt werden kann, die täglich mindestens 500 Tonnen Fisch vertilgen.

Die erste Erfahrung mit einer notdürftigen Landepiste macht man, sobald sich nagender Hunger einstellt. Ein Mittagessen auf einer fliegenden Safari fällt auch spartanischer aus. Außer Wracks entdeckt hier der Besucher die Hinterlassenschaften ehemaliger Diamantminen, die an eine längst vergangene Zeit erinnern.

Wieder an Bord überfliegt man bald die Ugab genannten Felsformationen – eine mondähnliche Landschaft schwarzer messerscharfer Felskämme, wo die Kongo-Platte auf die Kalahari-Platte stieß und die einen auffallenden Kontrast mit der hellen Wüstenfarbe bildet. Weiter landeinwärts liegt, in einem Tal verborgen, in Kuidas das erste Camp. Hier erwarten den Besucher eine heiße Dusche, ein bequemes Bett, ein Drei-Gänge-Menü und ein herrlicher Ausblick auf die Ebene. In den nahe gelegenen Höhlen und an Außenfelsen wurden frühe Felsmalereien und -ritzungen der San entdeckt, die dieses Gebiet einst bewohnten. Im Herzen des Tals entstanden durch die Erosion von roter Lava und gelbem Sandstein bizarre Formationen, die man auf einer Fahrt im Geländewagen entdecken kann.

Die fliegende Safari setzt sich nordwärts zu den berühmten »heulenden« Sanddünen fort, die sich einige Kilometer von der Küste landeinwärts befinden. Zum Phänomen des »Heulens« kommt es, wenn die Sandkörner eine bestimmte, kritische Größe erreichen.

Wüstenelefant im Hoarusib Valley

Der ausgedörrte Baum ist ein stummer Zeuge des unwirtlichen Klimas im Hoarusib Valley.

Sobald dies der Fall ist, reicht der leichteste Kontakt aus, etwa wenn jemand eine Düne hinunterrutscht, und es setzt ein ohrenbetäubendes Heulen, vergleichbar einem herannahenden Bomber, ein.

Nördlich von hier, in Purros, befindet sich das nächste Camp. Es liegt malerisch in einer Oase im Hoarusib-Tal, wo die Möglichkeit besteht, einen Elefanten zu Gesicht zu bekommen. Der Besucher kann hier auch eine Siedlung der Himba besichtigen; sie sind der einzige Stamm, der seinen traditionellen Lebensraum, die Wüste Namib, beibehalten hat.

Schiffswracks übersäen den Strand.

Die Frauen vom Stamm der Himba schmücken ihr Gesicht mit Ockerfarbe.

Lebensfeindlich und doch spektakulär zeigt sich die Landschaft auf dem Weg zum Tal der tausend Dünen.

Von Purros fliegt man über das Tal der tausend Dünen in Richtung angolanische Grenze. Das letzte Camp liegt am Ufer des Flusses Kunene. Und nach mehreren Tagen inmitten einer Sandwüste ist man bestimmt froh, wieder Wasser zu sehen, auch wenn es darin vor Krokodilen wimmelt.

Bootsreste in einer ehemaligen Bergbausiedlung an der Küste

ⓘ

Es bestehen strenge Maßnahmen zum Schutz dieses empfindlichen Naturraums, sodass für Besucher nur der südliche Teil des Skeleton Coast Park zwischen Ugabmund und Terrace Bay zugänglich ist. Das Betreten des Nordteils zwischen den Flüssen Hoanib und Kunene, der fast 70 % des Parks ausmacht, ist strengstens untersagt. Skeleton Coast Safaris, ein Familienunternehmen, das 1977 von Louw Schoeman, dem Initiator des Nationalparks, gegründet wurde, hat reiche Erfahrung in der Organisierung von Touren und Flugsafaris (www.orusovo.com/sksafari). Lohnend ist auch eine Tour zu den berühmten roten Dünen von Sossusvlei, den höchsten der Welt, die Teil des Namib-Naukluft-Parks sind.

Auf der Spur der Geister-Bären

Princess Royal Island, Kanada

Princess Royal Island, ein unberührter Regenwald moosbedeckter Bäume und reißender Bäche vor der Westküste Kanadas, ist einer der wenigen Orte, wo man die einmalige Gelegenheit hat, den Geister-Bären zu begegnen. Und zwar keinen gewöhnlichen Bären: Nicht nur aufgrund ihrer einzigartigen weißen, genauer gesagt champagnerfarbenen Fellfärbung, dem Ergebnis einer rezessiven Genmutation, sondern auch dank ihrer herausragenden Rolle, die sie im geistigen Leben der Kitasoo-Xaixais, der Ureinwohner dieses Landstrichs, spielen.

Versammlungshaus der Kitasoo-Xaixais in Klemtu

Ein Geister-Bär auf Princess Royal Island

Die unbewohnte, märchengleiche Insel Princess Royal ist Teil des Great Bear Rainforest, des weltweit größten Regenwaldes der gemäßigten Breiten, ein verwunschener Ort, der an die Schauplätze von »Der Herr der Ringe« erinnert.

So selten sind hier Menschen und so dicht ist der Urwald, dass ein Vorankommen oft nur möglich ist, indem man den schmalen Pfaden der Geister-Bären folgt, vorausgesetzt, man wird von einem kundigen Führer begleitet. Und wer könnte sich dafür besser eignen

Die letzten Meter im Wasserflugzeug vor der Ankunft im Hafen von Klemtu

als die Kitasoo und Xaixais? Sie kennen dieses Land so gut, als sei es Teil ihrer Seele, und sie haben eine innige spirituelle Beziehung zu den Kermode-Bären, wie der richtige Name der Geister-Bären lautet: Sie sind überzeugt, die Götter haben ihnen die weiße Farbe verliehen, um an die verheerende letzte Eiszeit zu erinnern.

Klemtu auf der Nachbarinsel Swindle Island ist der Ausgangspunkt für Ausflüge nach Princess Royal und wenn die Überfahrt mit dem Wasserflugzeug oder der Fähre nicht Ihre Neugierde für das Leben am Wasser wecken konnte, so schaffen es vielleicht die gemütlichen, im norwegischen Stil errichteten Unterkünfte am Wasser der Gesellschaft Klemtu Tourism. Sie darf als Einzige Touren auf den Spuren der Geister-Bären veranstalten. Klemtu selbst ist ein winziger Ort mit einem neuen Gemeindehaus, dem Stolz der Kitasoo und Xaixais, die es mit ihren Totems und anderen Kunstgegenständen verzierten.

Im Great Bear Rainforest leben neben Schwarz- und Grizzly-Bären lediglich etwa 400 Kermode-Bären. Sie alle sind wachsender

Gefährdung durch Wilderer ausgesetzt, sodass es verfehlt wäre, den genauen Verlauf der Pfade zu nennen, wo man den Tieren begegnen kann. Es ist aber ein unvergessliches Erlebnis, kaum 20 m entfernt von einem Wasserfall einen Schwarzbären zu beobachten, wie er nach Lachsen im Wasser jagt. Spannender noch ist es, auf den Spuren der Geister-Bären Princess Royal Island zu erkunden. Erblickt man nämlich auf einem Waldpfad einen frisch getöteten oder halb verzehrten Lachs, so könnte es sein, dass man nur wenige Schritte entfernt ist von diesen scheuen cremefarbenen Wesen. Um sie zu Gesicht zu bekommen, braucht man Geduld, aber auch die Einsicht, dass das Warten nicht immer belohnt wird.

Wir hatten Glück: Während wir den Princess Royal Channel aufwärts fuhren, in dem sich oft Wale und Robben tummeln, tauchte

Überquerung eines reißenden Gebirgsbachs

Langboot der Kitasoo-Xaixais in der Bucht von Klemtu

Kunst der Ureinwohner auf dem Gemeindehaus von Klemtu

am Ufer ein Geister-Bär auf. Er glich einem friedvollen Geist, wie er am felsigen Ufer dahintrottete, mal schnüffelte, dann innehielt und wieder gemächlich seinen Weg fortsetzte. Eine wahrlich majestätische Erscheinung. Während wir den Zufluss aufwärts fuhren, bedeutete uns Evan mit dem Kopf, von Bord zu gehen. Wir mussten nur wenige Schritte tun: Wenige Meter vor uns, hinter einem umgestürzten Baumstamm, genoss ein Kermode-Bär seinen frischen Fang. Er nahm uns zwar wahr, blieb aber ruhig und entschwand nach einer Weile im leuchtend grünen, moosüberdeckten dichten Wald.

Princess Royal Island liegt rd. 500 km nördlich von Vancouver und kann als Territorium der Kitasoo/Xaixais-Indianer von Individualreisenden nicht ohne Genehmigung besucht werden. Abenteuerlich ist schon die Anreise nach Klemtu auf Swindle Island: Sei es mit der Fähre der BC Ferries, die alle paar Tage aus Port Hardy auf Vancouver Island ausläuft, oder mit dem Wasserflugzeug der Pacific Coastal Airlines, das täglich von Bella Bella auf Campbell Island startet. Beste Reisezeit ist September, wenn die Lachse flussaufwärts ziehen und die Bären ans Wasser kommen, um zu jagen.

Geister-Bär auf Princess Royal Island

Sonnenaufgang über der Bucht von Klemtu

Fliegenfischen und Whisky
Inverlochy Castle, Schottland

Fliegenfischen am Unterlauf des Garry River

Der wohl beste Weg, um die schottischen Traditionen kennen zu lernen, ist sich in der Kunst des Fliegenfischens zu üben und in der Abgeschiedenheit der Highlands auf einem Landsitz wie Inverlochy Castle nördlich von Fort William einen Whisky zu testen. Als Königin Victoria 1873 das Schloss besuchte, schrieb sie in ihr Tagebuch, sie habe nie einen reizvolleren Ort gesehen. Und dabei ging sie nicht einmal Fischen.

Schottland offenbart sich dem Besucher nicht sofort. Mitunter wandelt sich dieses Land stiller Seen, weiter Hochmoore und schroffer Felsen von einem Augenblick zum anderen. So etwa zeigt es im Sonnenunter-

gang, wenn die letzten Strahlen die Hügel in ein warmes Licht tauchen, seine sanfte Seite. Dann scheinen auch die von Lachsen wimmelnden Flüsse die Farbe des Whiskys anzunehmen.

Sobald man sich mit einem Weidenkorb und einer Angelrute an den mit Heidekraut bewachsenen Ufern eines dahinplätschernden Wassers wie dem für seinen Fischreichtum bekannten Garry River niederlässt, weicht jegliche Anspannung. Man ist allein mit sich selbst und der nur von Zeit zu Zeit zuckenden Angelleine. Wer noch ein Anfänger in der Kunst des Fliegenfischens ist, kann sich darin in wenigen Stunden von einem einheimischen Jagdgehilfen unterweisen lassen. Dieser zeigt

Beim Auswerfen der Angel am Oberlauf des Garry River

Zu Füßen des Ben Nevis liegt das romantische Inverlochy Castle.

dem Anfänger auch, wie man den Köder, die Fliege also, richtig wirft, denn für nicht wenige Begeisterte ist Fliegenfischen nicht bloß ein Sport, sondern eine wahre Kunst.

In den Highlands gibt es zahllose idyllische Reviere zum Angeln, so auch den Fluss und den See in Glen Garry. Der von Ost nach West verlaufende Garry River entspringt im Loch Quoich und mündet in den Loch Garry, an dessen westlichem Ende das Dorf Invergarry liegt. Schottische Kiefern überziehen die Hänge des engen Tals, das von Munros – schottischen, über 900 m hohen Bergzügen – wie dem Gleouraich und dem Spidean Mialach flankiert wird.

Schottland bietet eine Fülle von Möglichkeiten, um sich nach einem langen Anglertag erholen zu können – von einfachen Herbergen bis zum eigenen Schloss. Vor der Kulisse schroffer Felsen und von dichtem Wald umgeben, erhebt sich das prächtige Schlosshotel Inverlochy, in dem schon königliche Häupter und Stars übernachteten. Neben der Ruine aus dem 13. Jahrhundert ließ Lord Abinger 1863 den Neubau errichten, der bis 1969 als Familiensitz diente. Am Ende eines gewundenen Weges gelangt man durch eine türmchenbekrönte Einfahrt ins Schloss mit seinen riesigen Kandelabern, den Jagdtrophäen und einer köstlichen Küche. Für eine Weile zumindest fühlt sich der Besucher hier wie ein Clanchef oder ein Schlossherr.

Whiskyfässer in der Ben Nevis Destillery

Sonnenuntergang über dem Loch Linnhe unweit von Fort William

Vom Hotel aus bietet sich ein herrlicher Blick auf die höchsten schottischen Berge, darunter den Ben Nevis, der mit seinen 1343 m die höchste Erhebung Großbritanniens ist und zu den beliebtesten Wanderzielen überhaupt zählt. Dazu trägt auch eine besondere Attraktion bei, die man erst beim Abstieg kennen lernt.

An der rund 900 m hohen Nordflanke des Berges liegt eine überaus wichtige Wasserquelle. Diese wird von der am Fuß des Berges liegenden Ben Nevis Destillery aufgefangen und ist die wichtigste Zutat für Schottlands bekanntestes Getränk – den Whisky, dessen Name auf das Gälische »usquebaugh« zurückgeht und »Lebenswasser« bedeutet. Das Geheimnis eines guten schottischen Whiskys ist das reine Wasser, das zu dessen Erzeugung notwendig ist, und die hiesige Quelle zeichnet sich durch besondere Reinheit aus.

Da es in Schottland über hundert Whisky-Brennereien gibt, fällt es nicht schwer, wo immer man sich auch befindet, die zahlreichen Sorten dieses unverwechselbaren Getränks zu probieren – ein Grund mehr, die Highlands zu besuchen.

Der Garry River und drohende Sturmwolken bei Sonnenaufgang

Neuschnee bedeckt die Anhöhen um Fort William.

ⓘ

Im Schlosshotel Inverlochy, einer der luxuriösesten Residenzen, werden Angelpartien organisiert. Wer im Garry River fischen möchte, sollte bedenken, dass etwa einmal pro Woche das durch einen Damm aufgestaute Wasser abgelassen wird und der Wasserpegel dadurch plötzlich ansteigt. Vor allem im Sommer empfiehlt es sich, für Übernachtungen rechtzeitig zu buchen.

Der Herbst bringt Farbe in die schottischen Kiefern.

Traditionelle Anglerrolle für Fliegenfischen

Wandern unter Felsbögen

Moab, USA

Sonnenaufgang über dem Delicate Arch

Eingebettet im Herzen des Colorado-Plateaus, wo es bis nach Utah reicht, wurde Moab zum Inbegriff nordamerikanischer Wildnis und Weite. Es liegt inmitten einer wüstenhaften Szenerie, die von bizarren Felsbögen, schäumenden Flüssen und imposanten Sandsteintürmen geprägt ist und eine einzigartige Vielfalt an Gesteinsformationen bietet. Zwar ist das touristische Angebot überaus reichhaltig, dennoch bieten die Wandertouren durch den Arches Nationalpark die beste Möglichkeit, diese großartige Landschaft kennen zu lernen.

Wanderer im Turret Arch gegenüber den so genannten Windows

Moab, eine Kleinstadt im Osten von Utah, zieht Scharen von Wanderern, Mountain-Bikern, Rafting-Fans und Kletterern aus der ganzen Welt an. Man muss aber nicht den ultimativen Kick suchen, um hier Spaß zu haben. Mit dem Arches Nationalpark und dem für Wanderer noch anspruchsvolleren Canyonlands Nationalpark vor der Tür hält Moab ein breites Angebot an Outdoor-Aktivitäten bereit.

Mit über 2000 Felsbögen, die Wasser, Wind, Eis, unterirdische Salzstöcke und Temperaturunterschiede in über 100 Millionen Jahren schufen, besitzt der Arches Nationalpark die weltweit größte Dichte an natürlichen Felsbögen. Zunächst empfiehlt es sich, sich beim Besucherzentrum nach der geeignetesten Route zu erkundigen. Alle Touren sind als Tagesausflüge ausgelegt und etliche dauern knapp etwas über eine Stunde; es gibt aber so viele sehenswerte Ziele, dass man sie unmöglich alle während eines Besuchs bewältigen kann.

Wandern rund um den Balanced Rock

Ein eindrucksvolles Schauspiel entfaltet sich schon auf den ersten 1,5 km der insgesamt 74 km langen Rundfahrt bei den Courthouse Towers. Die meisten Felsformationen bestehen hier aus rötlichen Entrada-Sandsteinsedimenten aus dem Jura (vor rund 144 bis 209 Millionen Jahren). Wohl nirgendwo anders wird einem bewusst, wie winzig sich der Mensch gegenüber dieser monumentalen Kulisse riesiger übereinander getürmter Sandsteinschichten ausnimmt.

Fernblick durch den Bogen des North Window

Autofahrt durch den Arches Nationalpark

Felsbilder der Ute-Indianer bei der Wolfe Ranch

Jenseits einer Fläche versteinerter Dünen, die sich zu den La Sal Mountains hin wälzen, erreicht die Straße den Balanced Rock. Wie schwerelos ruht ein übergroßer Findling in 39 m Höhe in prekärem Gleichgewicht auf einer fast zu schlanken Basis und scheint jeden Augenblick hinabzustürzen. Ein 550 m langer Wanderweg führt um den Fels herum, unter dem es einem nicht ganz geheuer ist zu stehen.

Eine beliebte Attraktion ist die Windows Section. Ähnlich den Augen einer riesigen Maske spannen sich die 15 bis 18 m hohen Bögen des North Window und South Window rund 30 m weit. Ihnen gegenüber steht der mächtige Turret Arch. Die Erosion der Naturkräfte schuf die bizarre Form des Bogens, den, worauf der Name hinweist, ein Turm bekrönt, und unter dem man bequem hindurchwandern kann.

Weiter nördlich liegen die Wege zu den Höhepunkten des Parks: der 5 km lange Pfad zum Delicate Arch und dem Devil's Garden. Im Letzteren steht der Landscape Arch mit einer Spannweite von 93 m, dessen Besichtigung einen halben Tag einnimmt. Einen ganzen Tag sollte man einplanen für die Tour auf dem naturbelassenen Wanderweg (»Primitive Loop«). Aufgetürmte Steinhaufen markieren den Weg.

Wer nur eine Tour unternimmt, sollte zum Delicate Arch wandern. Am Ausgangspunkt befindet sich die Wolfe Ranch, eine verlassene

Blockhütte, die John Wesley Wolfe, ein Bürgerkriegsveteran, im späten 19. Jahrhundert erbaute. Sehenswert sind auch die Felszeichnungen der Ureinwohner unweit der Ranch. Jenseits der Blockhütte windet sich der Pfad durch Canyons zu einem schmalen Felssims empor.

Unvermittelt steht man am Rand eines Sandsteinbeckens, den der Delicate Arch krönt. Selbst der Bildhauer Henry Moore hätte kaum eine imposantere Struktur schaffen können. Wer sich die Zeit nimmt, die hinter kühnen Felsbögen untergehende Sonne zu bestaunen, erlebt diese majestätische Landschaft besonders eindrücklich.

Wandern auf Sandsteinformationen zum Delicate Arch

Da es sehr heiß werden kann, sollte man auf den Touren stets Trinkwasser mitführen. Im Arches Nationalpark gibt es Campingmöglichkeiten, aber Moab liegt so nahe, dass man da übernachten kann. Unvergesslich sind die Rundflüge über dem Canyonlands Nationalpark mit den Maschinen der Slick Rock Air Guides. Sie starten vom Flughafen Canyonlands, 27 km nördlich von Moab am Highway 191.

Die Courthouse Towers am Eingang in den Arches Nationalpark

Abenteuer Krieger-Training

Khentii, Mongolei

Allein das Wort Mongolei beflügelt schon die Fantasie und weckt die Vorstellung von grenzenloser Weite, Nomaden und wilden Reitern. In der Tat geht vom Land mit seinen schier endlosen, menschenleeren Wüstensteppen und den umherziehenden Kamelen, Yaks und Nomadenstämmen ein einzigartiger Reiz aus. Heute eingekeilt zwischen Russland und China, schufen die Mongolen im 13. Jahrhundert ein Weltreich, das unter Dschingis Khan weite Teile Asiens beherrschte und bis nach Osteuropa reichte. Wie der harte Alltag dieser Krieger aussah, kann man am besten im Khentii-Gebirge nordwestlich von Ulan Bator erleben.

Ritt am Spätnachmittag in den Khentii-Bergen

Batmunkh, der berühmte Bogenbauer und Meister im Bogenschießen

Einfangen wilder mongolischer Pferde mit dem Lasso

Das offiziell als »Dschingis-Khan-Krieger-Training« bezeichnete Programm darf nicht mit einer 10-tägigen Trekkingtour verwechselt werden. Nach dessen Ende werden Sie vertraut sein mit der uralten Kunst der Bogenherstellung, in die Sie der berühmte Batmunkh, einer der sieben letzten Bogenbauer der Mongolei, einweiht. Sie erfahren Neues über die Technik des Bogenschießens, des Lassowerfens, des Viehhütens vom Sattel eines Pferdes aus und dem Zeltbau der Mongolen.

Es ist ein einmaliges Erlebnis, wie ein Nomade im Ger oder in einer Jurte, einem traditionellen Zelt, zu übernachten und im Sattel

durch die Steppe und das Khentii-Gebirge zu ziehen. Fernab von fließendem Wasser oder Fernsehen reduziert sich der Alltag auf die einfachsten Dinge und es stellt sich ein wunderbares Gefühl ein.

Das Pferd nahm im Leben der Mongolen schon seit Urzeiten eine Sonderstellung ein. Die mongolische Sprache kennt für dieses Tier

Dach und Rauchabzug in einem traditionellen Ger

Holzskulptur mit dem Bildnis Dschingis Khans vor einem Ger

mehr Ausdrücke als für jeden anderen Begriff und aus Stutenmilch stellen die Menschen ein salziges, säuerlich schmeckendes Gebräu her. Nicht zuletzt beruht die Schlagkraft der Heere Dschingis Khans auf den Pferden, die schnelle Überraschungsangriffe ermöglichten. Auch in der Kommunikation waren sie unerlässlich: Die berittenen Boten nutzten ein dichtes Netz von Außenposten, wo sie die Pferde auswechseln konnten und Verpflegung vorfanden.

Batmunkhs Köcher und handgefertigter Bogen

Abenddämmerung über der mongolischen Steppe

Sprichwörtlich blieben die Reitkünste der Krieger, wie etwa ihre Fähigkeit, im Galopp, einen Rückzug vortäuschend, nach hinten gewandt, mit dem Bogen zu schießen. Auch heute bildet das Bogenschießen – neben Ringen und Reiten – eine der drei »männlichen Sportarten«, die auch beim traditionellen Naadam-Fest gezeigt werden.

Wer den Umgang mit den landestypischen Pferden erlernen möchte, findet in den einheimischen Reitern die besten Lehrmeister. Den Mongolen steckt wohl das Reiten wie keinem anderen Volk im Blut. Es ist beeindruckend, ihre Unerschrockenheit, Tollkühnheit und Lust beim Reiten zu beobachten.

Das Krieger-Training erfordert von den Teilnehmern Engagement und schließt sogar die Kleidung ein, die sie tragen. Nach Ansicht der Mongolen ist die moderne Freizeitkleidung völlig unpassend für das Reiten ihrer Pferde. Wer ein mongolisches Pferd reiten will, muss sich auch wie ein Mongole kleiden. Dazu zählt die heute noch verbreitete Landestracht, Del genannt, ein mantelähnliches, weites, langes Gewand aus Filz, das im Winter pelzgefüttert ist – Frauen tragen zu Festtagen einen Del aus Seide – und durch eine seidene Schärpe in der Taille zusammengehalten wird. Passend dazu trägt man Lederstiefel mit nach oben aufgerichteter Spitze, die nach Auffassung der Mongolen verhindert, dass unnötig Insekten zertreten werden. Nachdem sich das erste Schmunzeln über den neuen Aufzug gelegt hat, merkt man bald, wie warm und bequem diese Kleidung ist. Damit hat die Wandlung zum Nomaden begonnen.

Das Krieger-Training im Nomadencamp ist in jeder Hinsicht ein unvergessliches Abenteuer, das seinen Teilnehmern einen Hauch von Dschingis Khan und wildem Kriegertum vermittelt.

ⓘ

Es gibt nicht allzu viele Möglichkeiten, nach Ulan Bator zu gelangen. Die Stadt wird u.a. regelmäßig von Air China, Miat und Aeroflot angeflogen. Wenn man über sehr viel Zeit verfügt, kann man ein Krieger-Training auch selbst organisieren, es empfiehlt sich aber, professionelle Führer wie etwa jene von der Agentur Nomads Tours & Expeditions in Ulan Bator anzuheuern. Auch spezialisierte Reiseunternehmen bieten ähnliche Programme an.

Stimmungsvoller Ritt im Khentii-Gebirge bei Sonnenuntergang

Flussfahrt in ferner Welt

Angel Falls, Venezuela

»Paradies auf Erden«, so bezeichnete Kolumbus die Küste Venezuelas, als er sie 1498 erreichte. Welche Worte hätte er aber gewählt, wenn er ins Landesinnere vorgedrungen wäre bis zu Venezuelas kostbarstem Naturschatz, den Angel Falls (Salto Angel), den höchsten Wasserfällen der Welt? Mit Sicherheit dürfte es ihm aber bereits früher die Sprache verschlagen haben, nämlich auf der Fahrt zu den Angel Falls auf dem Rio Carrao, der sich durch dichten Dschungel und eine Vielzahl himmelhoch aufragender Tafelberge windet und auch heute noch eine der aufregendsten Flussreisen Südamerikas darstellt.

Schmaler Wanderpfad hinter den mächtigen Sapo-Wasserfällen

Im tiefen Südosten Venezuelas, in der Region Gran Sabana, erheben sich im Nationalpark Canaima (Parque Nacional Canaima) die bizarren, steil aufragenden und von den Pemón-Indianern Tepui (»Häuser der Götter«) genannten Tafelberge, die auch die Vorlage für Sir Arthur Conan Doyles Roman »Die verlorene Welt« bildeten. Darin geht es um die Möglichkeit, dass aufgrund ihrer Unzugänglichkeit und Isolation auf diesen Tepui Dinosaurier und andere Tiere der Vorzeit überlebt haben könnten – ein Gedanke, den Steven Spielberg in seinem Film »Jurassic Park« aufgriff.

Gran Sabana erreicht man nur, indem man von Caracas zunächst bis Ciudad Bolívar fliegt. Hier beginnt dann das Abenteuer mit einem aufregenden Flug nach Süden entweder in einem kleinen, viersitzigen Flug-

zeug oder einer betagten Propellermaschine vom Typ DC-9. Sobald man sich Canaima nähert, einem von Pemón-Indianern bewohnten Dorf, das den Ausgangspunkt für die Exkursion zu den Angel Falls bildet, tauchen zwischen den Wolken die ersten Tepui auf.

Bevor man sich flussaufwärts zu den Angel Falls begibt, sollte man unbedingt eine kurze Bootsfahrt zu den Sapo Falls (Salto Sapo) unternehmen, einem der sieben Wasserfälle oberhalb des Sees Canaima (Laguna Canaima), den man schon aus dem Flugzeug

Reiseführer der Pemón-Indianer auf dem Rio Carrao

erblickt. Auf über 100 m Breite stürzen die Sapo Falls 20 m in die Tiefe, die eigentliche Attraktion befindet sich aber hinter den Wassermassen: ein atemberaubender, schmaler Pfad, den der Einsiedler Tomás Bernal über die gesamte Breite des Wasserfalls aus dem Felsen schlug. Bevor man den Pfad betritt, ist aus Sicherheitsgründen das Anlegen einer Schwimmweste erforderlich.

Für Eilige gibt es Tagesausflüge zu den Angel Falls, empfehlenswerter ist aber eine zwei- bis dreitägige Tour. Dabei wird in einem der Camps rund um den Auyán-Tepui übernachtet.

Zu den Angel Falls geht es in Booten mit Außenbordmotor, die von erfahrenen Pemón-Indianern gesteuert werden. Während das Boot gegen die reißende Flussströmung ankämpft und dem windungsreichen Lauf des Carrao durch undurchdringliche Dschungelvegetation folgt, beginnt ein verwirrendes Spiel: Immer neue Tepui tauchen urplötzlich auf, um im nächsten Moment zu verschwinden, und erst nach einer Weile wird klar, dass es sich um ein und denselben Tafelberg, nämlich den Auyán-Tepui, handelt. Bis zu 1300 Meter

Der Auyan-Tepui erhebt sich mächtig aus den Wolken.

Boot auf dem ruhigen Rio Carrao

hoch erhebt er sich senkrecht aus der dichten Vegetationsdecke und ähnelt einer uneinnehmbaren mittelalterlichen Festung. Sein Name bedeutet »Höllenberg« und er galt den Indianern als heiliger Ort, auf dessen Plateau die bösen Geister, *marawitón* genannt, zusammen mit dem Gott Traman-chitá hausten.

Anders als von Conan Doyle vermutet, finden sich auf der Oberfläche des Auyán-Tepui keine Dinosaurier. Über die Steilkante des 700 km^2 großen Plateaus stürzen die Wassermassen 978 m in die Tiefe und bilden ein Schauspiel von einzigartiger Dramatik.

Die Sapo-Fälle stürzen tosend in den Canaima See.

Hängematten im Camp

Der Abenteurer und Buschpilot James Angel sichtete 1936 als Erster den Wasserfall. Ein Jahr später führte er mit seinem Flugzeug, der *Río Coroni*, auf dem Plateau des Auyán-Tepui freiwillig eine Notlandung durch und benötigte dann elf Tage für den mühevollen Fußmarsch zurück in die Zivilisation.

Am eindrucksvollsten ist aber eine kurze Wanderung an den Fuß des Tafelberges, wo man dann den Blick nach oben richten kann: Gleichsam aus dem Himmel stürzen die Wassermassen über den roten Fels in die Tiefe und bilden den größten Wasserfall der Welt.

ⓘ

Bootsfahrten zu den Angel Falls finden meist nur von Mai bis November statt, während der Regenzeit also, wenn die Flüsse mehr Wasser führen. In Canaima und Ciudad Bolívar starten Rundflüge über die Wasserfälle. Die nationale Fluglinie Servivensa bietet Packagetouren von Caracas nach Canaima mit Übernachtung in ihrer bequemen Campamento Canaima Lodge an.

Die Angel-Falls, die höchsten Wasserfälle der Welt

Himalaja-Trekkingtour
Annapurna, Nepal

Lastenträger auf dem Weg nach Machhapuchhare

Einfache Hängebrücken überqueren reißende Gebirgsbäche.

Wenn ein Staat für seinen Hochgebirgstourismus ausgezeichnet werden müsste, so ist dies zweifelsohne Nepal. Das Land, das zu vier Fünfteln vom Himalaja und seinen Ausläufern bedeckt ist, bietet unübertroffene Trekking-Möglichkeiten. Wegen der landschaftlichen Schönheit, des intakten kulturellen Erbes und aus Zeitgründen ist die sechs- bis siebentägige Tour nach Siklis in die abgelegene Region des Annapurna sicherlich vorzuziehen.

Im Westen Nepals, liegt der Annapurna Circuit, eine beliebte elftägige Trekkingroute mit Übernachtungen in Teehäusern, die aber nicht verwechselt werden darf mit der sechstägigen Trekkingtour nach Siklis. Diese beginnt im Annapurna Sanctuary, einem Gebiet, das unter dem Schutz des Annapurna

Frau eines nepalesischen Bergvolkes auf dem Weg zum Markt

Bergheiligtum vor der Kulisse des spektakulären Machhapuchhare

Conservation Area Project (ACAP) steht und bis in die späten 1990er Jahre den Trekkingfreunden nicht zugänglich war.

Eindeutiger Höhepunkt der Tour nach Siklis ist der Machhapuchhare oder Fischschwanzberg. Der auch als Matterhorn des Himalaja bezeichnete 6997 m hohe Gipfel wird zwar von den Achttausendern überragt, er ist aber der heiligste aller Berge. Dafür spricht auch das Verbot, ihn zu besteigen. Aus einem bestimmten Winkel betrachtet, ähneln die beiden Felsgrate an der Spitze einem Fischschwanz.

Zunächst folgt man dem tosenden Lauf des Flusses Seti. Danach windet sich der Pfad bergauf bis zum Dorf Ghachok, einem idealen Platz, um die Zelte am Fuß der Ausläufer des Machhapuchhare aufzuschlagen, den die untergehende Sonne rot erglühen lässt.

Nach einem - vielleicht höhenbedingt - unruhigen Schlaf lässt die heiße Tasse Tee einen die Weckrufe noch vor Tagesanbruch ver-

Die Lamjung-Bergkette, gesehen vom Camp in Siklis

Der Wanderweg führt vorbei an kunstvoll angelegten Terrassen ins Tal.

gessen. Es ist üblich, bei Trekkingtouren im Himalaja so früh aufzubrechen. Ein weiterer Grund, den Schlafsack so früh zu verlassen, ist das beeindruckende Schauspiel des Sonnenaufgangs.

Vorsichtig geht es immer weiter aufwärts, vorbei an Nomadenhirten, an jungen Mädchen, die riesige Ballen Brennholz tragen, und an verspielten Affen. Der Weg windet sich über kopfsteingepflasterte Straßen durch Dörfer wie Chaur und Ghalegaon, in denen die Einwohner vom Stamm der Gurung ihr hartes Dasein fristen. Ihr karges, durch den Ackerbau bestimmtes Auskommen bessern sie dadurch auf, dass die Männer in der britischen Armee im legendären Regiment der Gurkhas Dienst leisten.

Sobald man nach dem harten Aufstieg in höhere Lagen vorgedrungen ist, durchquert man Rhododendronwälder, die den allgegenwärtigen Machhapuchhare zu säumen scheinen. Plötzlich öffnet sich die Landschaft und man erreicht Siklis. Das Dorf liegt zwar nur 1980 m hoch, doch erheben sich dahinter die abweisenden Fels- und Eiswände des 6986 m hohen Lamjung Himal und des Annapurna II, dem nur 63 m fehlen, um zu den Achttausendern zu zählen. Zwar besteigen wir nicht den Everest, aber das Glücksgefühl, im Himalaja zu sein, ist nicht minder groß.

Der Rückweg ist genauso spektakulär. Man folgt dem gletscherblau schimmernden Madi-Fluss durch Dörfer, in denen sich die erschöpften Teilnehmer mit frischen Mandarinen und Lhassi (Joghurt aus Büffelmilch) stärken können. Das letzte Camp bei Bhagowatitar, einem alten Dorf mit Steinhäusern, begrüßt die Ankömmlinge mit Kuchen und einer Abschiedsparty mit Tanz und Gesang. Nepal ist zwar ein Land im Herzen des Himalaja mit seinen Achttausendern, aber die Tour im überwältigenden Annapurna Sanctuary beweist, dass man kein Bergsteiger sein muss, um die Hochgebirgswelt Nepals kennen lernen zu können.

ⓘ

Trekkingtouren in Nepal werden von allen großen Reiseunternehmen angeboten, man kann sie aber auch vor Ort bei einheimischen Veranstaltern buchen. Es empfiehlt sich, sich beim Reiseveranstalter oder beim Auswärtigen Amt vor der Buchung nach der jeweiligen Sicherheitslage zu erkundigen.

Schulmädchen auf dem Heimweg im Dorf Ghachok

Frau eines nepalesischen Bergvolks mit ihrem kleinen Sohn

Besuch der »Aida«-Oper

Verona, Italien

Ob man Opernfan ist oder nicht, der Besuch der hoch dramatischen und emotional spannenden Oper »Aida« von Verdi ist ein Muss, vor allem wenn als Schauplatz der Aufführung eines der ältesten römischen Bauwerke dient. Es handelt sich um das Amphitheater im Herzen der Altstadt von Verona, das alljährlich die Kulisse für dieses eindrucksvolle Schauspiel von Farben, Licht und Musik bildet.

Aida-Aufführung im eindrucksvollen römischen Amphitheater

Eine Tasse Cappuccino auf der Piazza Bra

Die Aufführung ist im Grunde eine in höchster Vollendung und detailreich erzählte Beziehungsgeschichte, deren Handlung nach dem herkömmlichen Muster »Mann trifft Frau« gestrickt ist, jedoch kein Happyend aufweist. Fügt man den ägyptischen Schauplatz des Geschehens hinzu, so fühlt man sich in eine fremde Welt versetzt, als unternähme man eine Reise innerhalb einer anderen Reise. Das

Bühnenbild umfasst eine mächtige, golden schimmernde Pyramide und riesige Sphingen, während die 1000 Komparsen Glanz und Macht der Pharaos unterstreichen.

Der Besucher sitzt auf den antiken, glatt polierten Steinbänken und nur ein kleines Samtkissen trennt ihn von den Jahrhunderten römischer Geschichte. Die gesamte Kulisse versetzt den Besucher in eine ferne Welt, in der das Amphitheater die Stätte ganz anderer Vergnügungen war. In römischer Zeit war es Schauplatz blutiger Gladiatorenkämpfe oder grausamer Zweikämpfe mit wilden Tieren vor einer johlenden Menge.

Ein Besuch Veronas lohnt nicht nur wegen der Opernaufführung. Die zahlreichen Zeugnisse antiker Bauwerke belegen die herausragende Stellung der Stadt, die nach Rom als bedeutendstes Zentrum des Imperiums galt; zugleich weist sie jene Raffinesse auf, die jeder italienischen Großstadt eigen ist. Zur Bekanntheit Veronas trug auch Shakespeares berühmtestes Liebespaar Romeo und Julia bei, die

Kunstvolle Theatermasken auf einem Veroneser Markt

Die Atmosphäre des alten Ägyptens wird in Aida zu neuem Leben erweckt.

hier geboren wurden und hier starben, sodass es sich seither als »Stadt der Verliebten« rühmt. Hauptattraktion ist das Haus Julias mit seinem Balkon, aber sehenswert sind auch die mit Marmorplatten ausgekleideten Straßen, die eleganten Plätze und schmalen Gassen der Altstadt, die man bequem zu Fuß erkunden kann.

Ein morgendlicher Besuch der noch menschenleeren Arena ist besonders zu empfehlen. Während das Bühnenbild für die Abendvorstellung aufgebaut wird, kann man in aller Ruhe die Größe dieser im 1. Jahrhundert n. Chr. erbauten Anlage voll erfassen. Mit einem elliptischen Grundriss von 152 mal 128 m und 32 m Höhe war es das nach dem Kolosseum in Rom zweitgrößte Amphitheater des Römischen Reiches.

Von der äußeren Umfassungsmauer sind noch vier sehr hohe Arkaden erhalten. Ursprünglich nahm die Arena 30 000 Zuschauer

Programmverkäufer in der Arena von Verona

auf; wegen der auf einer Seite aufgebauten riesigen Bühne fasst sie heute aber nur noch 15 000 Personen. Jeden Abend wird eine andere Oper aufgeführt, was bedeutet, dass das Bühnenbild täglich ausgewechselt wird. Daher darf es nicht wundern, wenn man vielleicht eine Sphinx oder einen Pharao an einem hohen Kran hängen sieht.

Wenn die Zeit der Aufführung näher rückt, strömen immer mehr Menschen auf die mit Steinquadern gepflasterte Piazza Bra vor der Arena und es beginnt die ebenso wichtige Zeit des Promenierens.

Typisch italienische Straße in der Altstadt von Verona

Die Piazza Bra säumen dicht nebeneinander liegende Cafés und Restaurants.

Cafés und Restaurants am weitläufigen Platz füllen sich mit Gästen und bald schon scheint der Platz vor Menschen überzuquellen.

Nachdem sich die Pforten der Arena öffnen und man auf der Steinbank Platz nimmt, taucht die Abendsonne die Arena in warmes Licht, über die bald der Nachthimmel hereinbricht. Sobald die Scheinwerfer die Bühne beleuchten, können Sie, ähnlich den anderen tausenden Zuschauern, eine Kerze anzünden und in deren flackerndem Licht auf den ersten ägyptischen Gongschlag warten. Auch wer kein Opernfan ist, muss zugeben, dass es wohl kaum eine eindrucksvollere Kulisse für eine Oper gibt als Verona – Viva Aida!

Verona ist auf römischen Ruinen erbaut.

Da sich die umliegenden Restaurants rasch füllen, sollte man unbedingt einen Tisch für ein Abendessen vor oder nach der Vorstellung reservieren. Karten gibt es in den unterschiedlichsten Preisklassen. Nähere Informationen, einschließlich zur Kartenreservierung, bietet www.arena.it.

Auf Kaliforniens Traumstraße
Big Sur, USA

Wie in kaum einem anderen Land kann der Besucher in den USA aus dem Auto eine atemberaubende Naturkulisse erleben, die sich ihm auf den Traumstraßen Route 66 und Big Sur erschließt. Erstere ist für jene mit ewigem Urlaub geeignet; wer aber nur einige Tage zur Verfügung hat, der mag sich ins Auto setzen, eine CD mit Rockmusik einlegen und nach Süden dem Big Sur folgen, der auf dem Highway 1 entlang der zerklüfteten Pazifikküste ein einmaliges Naturerlebnis bietet.

Der Highway 1 zieht sich entlang der gesamten Westküste von Oregon bis Kalifornien dahin, aber nur der rund 120 km lange filmreife Abschnitt von Carmel bis San Simeon bildet den Big Sur. Was immer

Gewaltige Brandung in der Nähe von San Simeon

Im Rückspiegel zeichnen sich die Umrisse der Santa Lucia Mountains ab.

man auch unternimmt, man sollte sich nicht die herrlichen Sonnenuntergänge entgehen lassen, wenn sich der Himmel orange bis rot färbt und das Wasser tiefblau schimmert.

Von Monterey mit seinem spektakulären Aquarium sollte man auf die (gebührenpflichtige) Panoramastraße, den 17-Mile-Drive, abzweigen, die in Carmel endet. Nur wenig weiter südlich grüßt der Point Lobos State Preserve, das Revier der Seelöwen, welche die Felsklippen vor der zerklüfteten Steilküste bevölkern und durch ihr Bellen schon von weitem auf sich aufmerksam machen.

Bald schon windet sich der Highway 1 die Steilküste aufwärts, während Fahrern in Sportwagen und Harley-Davidson-Freaks sich nach jeder Kurve überwältigende Ausblicke bieten. Den Höhepunkt dieser Postkartenmotive bildet die Bixby Creek Bridge, die vor der

Küstenstraße unweit vom Julia Pfeiffer Burns State Park

Die spektakuläre Bixby Bridge entlang der schroffen Küstenlinie bei Dämmerung

Kulisse der Santa Lucia Berge einen tiefen Canyon überspannt. Über den Felsnadeln und den steilen Felsklippen hängt häufig bis Mittag der Nebel, sodass man die raue, wilde Schönheit dieses Küstenstreifens oft erst zu später Tageszeit bewundern kann.

Nachdem man den Leuchtturm Point Sur passiert, entfernt sich die Straße von der Küste und durchquert die sanften Hügel des Andrew Molera State Park. Besonders lohnend sind Wanderungen im Pfeiffer Big Sur State Park, dessen Name an die erste weiße Siedlerfamilie dieser Gegend erinnert. Zwischen uralten Redwood-Hainen führt ein dichtes Netz vorzüglicher Wanderwege, darunter der bequeme Nature Trail, und einige anspruchsvollere Routen zum Buzzard's Roost und den Pfeiffer-Falls. Mit etwas Glück kann man Rotluchse und Maultierhirsche oder sogar Pumas erspähen.

Big Sur bietet nicht nur Natur pur, seit den 1940er-Jahren haben hier auch Künstler Inspiration und Stille gesucht. Der bekannteste unter ihnen ist Henry Miller, der Autor des seinerzeit umstrittenen erotischen Romans »Wendezeit des Krebses«. An Miller, der sich

Stimmungsvoller Sonnenuntergang über dem Pazifik

Der McWay-Wasserfall im Julia Pfeiffer Burns State Park

Blick nach Norden vom Big Sur aus auf die zerklüftete Küste

Der Highway 1 auf dem Big Sur genannten Abschnitt

auch als Maler betätigte und hier seine letzten 17 Jahre verbrachte, erinnern die Coast Gallery sowie die Henry Miller Memorial Library.

Für manche zählt der Küstenstreifen um den Julia Pfeiffer Burns State Park zu den schönsten Abschnitten dieser Route überhaupt. Steinerne Bögen und schroffe Felsnadeln trotzen der Brandung, während bizarr geformte Landzungen sich an den Wogen des Pazifiks brechen. Im Naturpark führt ein kurzer Pfad zu einer kleinen Bucht, die vom 24 m hohen McWay-Wasserfall beherrscht wird.

Im letzten Abschnitt des Big Sur weicht die dramatische Landschaft den sanften, weiten Sandstränden von San Simeon und den Seelöwenkolonien. Nur wenige Kilometer nördlich von San Simeon traut der Reisende kaum seinen Augen: Vor der Kulisse der Santa Lucia Mountains erhebt sich das skurille Hearst Castle, eine Art amerikanisches Neuschwanstein, das der Pressemagnat William Randolph Hearst zwischen 1919 und 1947 in einem Mix unterschiedlichster Stile erbauen ließ.

Am Ozeanufer bei Carmel-by-the-Sea

Wenn möglich, sollte man die Wochenenden während der Hauptsaison meiden, da die Autoschlangen den Genuss der Natur einschränken. Entlang dem Big Sur bestehen nur wenige Unterkunftsmöglichkeiten und Hotels wie Ventana Inn & Spa und Big Sur Lodge zählen zur Luxusklasse. Es empfiehlt sich daher, in Carmel oder San Simeon zu übernachten. Beste Küche und eine fantastische Aussicht bietet das Restaurant Nepenthe nördlich der Coast Gallery.

Entspannen in Heilquellen
Golden Circle, Island

Island ist ein lebendes geologisches Lehrstück, ein Land Feuer speiender Vulkane, dramatischer Wolkengebilde, brodelnder Erde, donnernder Wasserfälle und heißer Quellen. Wenn Sie erfahren wollen, wie die Kräfte der Natur die Erde geformt haben, reisen Sie durch den Golden Circle im Südwesten der Insel, und Sie finden verblüffende Antworten.

Wenn man nach der Ankunft in Reykjavik die weiten, moosbedeckten Lavafelder erblickt, welche die in leuchtenden Farben bemalten Häuser der Vorortsiedlungen begrenzen, drängt sich der Verdacht auf, dass jenseits des Stadtrands alles Leben aufhört. Das mag zum Teil stimmen, aber was dort den Besucher erwartet, sind Urgewalten

Das Thermalwasser der Blauen Lagune weist eine konstante Temperatur von 34–36 °C auf.

Ausbruch des Strokkur in Geysir

der Natur, die am Werk sind und ein einmaliges Schauspiel bieten. Den Höhepunkt bildet sicherlich die Blaue Lagune, die nicht nur Badespaß bietet, sondern auch für ihre Heilwirkung berühmt ist.

Die Blaue Lagune befindet sich 45 Autominuten südlich von Reykjavik entfernt inmitten eines schwarzen und grün überwachsenen Lavafelds. Das milchig türkisfarbene Wasser, über dem ein Dunstschleier hängt, vermischt sich mit kaltem Meerwasser und ist besonders reich an siliziumhaltigem Schlamm und blaugrünen Algen. Alle 24 Stunden wird das gesamte, 36 °C warme Wasser dieses Badepools auf natürliche Weise ausgetauscht. Sobald man im Wasser ist, setzt dessen wohltuende, entspannende Wirkung ein. Gäste kommen in den Genuss vielfältiger Therapien, von Massagen bis zu Gesichtsmasken, vor allem sind es aber die an Schuppenflechte (Psoriasis) Leidenden, die aus verschiedensten Ländern hier anreisen und in der Blauen Lagune Linderung für ihre Krankheit erfahren.

Ein zweistündiger Ausflug südlich der Blauen Lagune auf einer Schotterpiste aus schwarzem Lavagestein führt zum »verschwindenden See« von Kleifarvatn. Seit 2000, als sich infolge eines Erdbebens auf dem Grund des Sees tiefe Erdspalten bildeten, ist bislang mehr als ein Sechstel des gesamten Sees abgeflossen und der Vorgang dauert immer noch an. Weiter südlich kündigt Schwefelgeruch die Nähe der geothermischen Region von Krysuvik Seltún an. Es handelt sich hierbei um eine der vier Verwerfungen, die die Halbinsel Reykjanes durchziehen und in denen die Temperatur im Innern 200 °C

Pfad in der geothermischen Region von Krysuvik Seltún

Türkisblaues Wasser in einem natürlichen Becken in Geysir

Wasserfall bei Thingvellir über der Zerrungsspalte zwischen der Amerikanischen und der Eurasischen Erdplatte

übersteigt. Allgegenwärtig ist auf den so genannten Solfatarenfeldern der penetrante Schwefelgeruch, der aus grauen, blubbernden Schlammtöpfen, gelben Erdrissen und zischenden Spalten hervortritt.

Von Krysuvik geht es auf einer faszinierenden Fahrt über Selfoss und Reykholt nach Geysir, dem Ort, nach dem die hoch aufspritzenden heißen Wasserfontänen benannt wurden. Der aktivste Geysir ist Strokkur (»Butterfässchen«), der, inmitten einer völlig unspektakulären Vulkanlandschaft gelegen, unter hohem Druck mit erstaunlicher Regelmäßigkeit alle 20 Minuten die heißen Wasserdämpfe bis in 25 m Höhe schießt. Weiter nordöstlich stößt man auf den Gullfoss-Wasserfall, den »goldenen Wasserfall«, der umso dramatischer erscheint, als nichts auf ihn hindeutet und man urplötzlich vor ihm steht. Von einem Hochplateau aus stürzt er in zwei Stufen 32 m tief in den Canyon, den der reißende Fluss Hvitá in hunderttausenden Jahren geformt hat. An sonnigen Tagen breitet sich über der aufspritzenden Gischt ein prächtiger Regenbogen aus.

Islandpferde unweit von Thingvellir

Zerrungsspalte zwischen den Kontinentalplatten bei Thingvellir

Durch grüne Hochebenen, die nur von den kleinen, aber äußerst robusten Islandpferden bevölkert sind, geht es zum Nationalpark Thingvellir, dem ältesten, bereits 1928 eingerichteten Naturschutzgebiet. Hier befindet sich die historische Stätte, an der die Stammesfürsten im Jahr 930 ihr erstes Althing abhielten. Das Gebiet um den Thingvallavatn, Islands größten See, ist auch geologisch besonders interessant: Die etwa 40 m breite Allmännerschlucht ist eine klaffende Zerrungsspalte und markiert die Bruchnaht zwischen der Amerikanischen und der Eurasischen Erdplatte, die sich um jährlich 2 cm voneinander entfernen. An keiner anderen Stelle in Europa tritt das Auseinanderdriften der Kontinentalplatten anschaulicher zutage.

ⓘ

Bevor Sie in Reykjavík einen Wagen mieten, empfiehlt es sich zu prüfen, ob er für die beabsichtigte Autotour auch geeignet ist, denn manche Routen sind nur mit allradangetriebenen Kraftfahrzeugen befahrbar.

Grünes Moos bedeckt die Höhen auf dem Weg nach Kleifarvatn

Eindrucksvoll zeigt sich der Strip bei Nacht aus dem Hubschrauber.

Zocken im Spielerparadies

Las Vegas, USA

Groß, grell, glitzernd und laut – Las Vegas ist unbestritten das Mekka all jener, die ihr Glück beim Roulettetisch suchen. Wie man auch zum Glücksspiel und den Großstädten stehen mag, dieses aus dem Boden gestampfte urbane Denkmal inmitten der Wüste und Symbol menschlichen Einfallsreichtums muss man gesehen haben.

Obwohl die meisten Besucher auf dem Flughafen von Las Vegas landen, zeigt sich die Einzigartigkeit der Stadt erst, wenn man sich mit dem Wagen auf der Interstate 15 der Stadt nähert. Dass Las Vegas mitten in der Mojave-Wüste liegt, erkennt man erst aus der Ferne, und plötzlich erblickt man die eindrucksvolle Skyline der Stadt.

Die Stadt wirkt auf alle Sinne des Besuchers. Ein Spaziergang entlang dem Strip, dem Hauptabschnitt des Las Vegas Boulevards, der vor allem von den riesigen Kasinohotels gesäumt wird, lässt einen an der Wirklichkeit des Gesehenen zweifeln. Megastars aus der Rock- und Pop-Welt und dem Showbusiness kündigen auf übergroßen Bildschirmen ihre Shows an, während Sphingen, Pyramiden und goldene Löwen neben dem Eiffelturm stehen. Glücklicherweise

Durchfahrtsschild in Little White Chapel

Sonnenaufgang über Las Vegas und der Mojave-Wüste

bieten dabei selbst die besten Hotels überraschend günstige Zimmerpreise. Man braucht mindestens einige Tage, um auch nur die Hauptattraktionen zu besichtigen. Wer hier jedoch bloß ein bis zwei Tage weilt, sollte sich nicht das Kasinohotel New York-New York entgehen lassen: Als Teil seiner Fassade ragen die 161 m hohe Nachbildung des Empire State Building sowie ein Modell der Freiheitsstatue empor, während davor die Achterbahn Manhattan Express über eine gewagte Route rast. Unweit lädt das pyramidenförmige, mit schwarzem Glas verkleidete Luxor-Hotel mit einer riesigen weißen Sphinx am Eingang ein. Eine Attraktion ist auch das Venetian mit Rekonstruktionen der Wahrzeichen Venedigs – Campanile, Dogenpalast, Markusplatz, Rialtobrücke und Canal Grande samt Gondeln.

Im renommierten Kasinohotel Caesar's Palace fanden zahlreiche WM-Boxkämpfe statt, wobei man heute den Auftritt internationaler Stars wie Celine Dion verfolgen kann. In den Forum Shops, einer üppig dekorierten Verkaufsstraße in griechisch-römischem Stil, beeindrucken die eleganten Boutiquen und Restaurants.

Erst mit Einbruch der Nacht zeigt sich das wahre Gesicht von Las Vegas. Schrille Reklameschilder laden in die Hotels mit ihren zahlreichen Spielautomaten, Roulettetischen ein, wo das Spielfieber ausbricht. Statistiken behaupten, dass jeder Besucher im Durchschnitt mindestens 350 US-$ für Glücksspiele ausgibt. Man mag mitunter zwar gewinnen, die großen Gewinner bleiben aber die Kasinos.

Wenn Sie für Glücksspiele nichts übrig haben, so gibt es andere kostenfreie Attraktionen zu bestaunen. Sehenswert ist vor allem die Fremont Street Experience am Nordende des Strip: Unter einem von über 2 Millionen von Lichtern bestückten künstlichen Himmelsgewölbe von rund 422 m Länge wurde eine Fußgängerzone mit Restaurants, Cafés und Läden geschaffen. Allabendlich, zwischen 20.00 und 24.00 Uhr fasziniert eine 6-minütige Ton- und Lasershow. Derweil bricht am Südende des Boulevards vor dem Mirage ein Vulkan in einem simulierten Inferno aus Feuerschwall, Rauch und

Harah's Casino auf dem Strip

Die überdachte Freemont Street Experience

Spielautomaten findet man überall in Las Vegas.

Das Kasinohotel New York-New York mit der Manhattan Express genannten Achterbahn

Sphinx vor dem Hotel Luxor

Getöse aus, während vor dem Hotel Bellagio aus rund 1000 Springbrunnen die Wasserfontänen bis zu 70 m hoch schießen.

Wer sich einen Überblick über die Stadt verschaffen will, dem sei der Besuch des Stratosphere Tower empfohlen, ein extravagantes, rund 350 m hohes Bauwerk mit 108 Stockwerken, an dessen Spitze sich ein Drehrestaurant befindet. Rund um seine Spitze windet sich spektakulär die welthöchste Achterbahn der Welt.

Las Vegas kann man mögen oder auch nicht, keinesfalls wird es einen aber gleichgültig lassen. Und sollten Sie gerade hier so verliebt sein, können Sie in Begleitung von Elvis-Musik für weniger als 100 $ auch heiraten, was jedem Glücksspiel sicherlich vorzuziehen ist.

ⓘ

Las Vegas verfügt über so viele Hotelbetten, dass man sicherlich zu jeder Jahres- und Tageszeit ein freies Zimmer findet. Hinzu kommt, dass selbst die Hotels der gehobenen Klasse recht günstige Zimmerpreise anbieten. Weitere Informationen finden Sie auch unter www.visitnevada.com.

Die Nachbildung des Eiffelturms vor dem Kasinohotel Paris ist über 80 m hoch.

Wer den Namen Nepal nennt, denkt unwillkürlich an die majestätischen Gipfel des Himalaja, jener Gebirgskette, die durch Faltung der Erdkruste entstand und den Norden des Landes prägt. Und dennoch gibt es auch ein anderes, weit unbekannteres Nepal: Es erstreckt sich im Süden und bildet die Grenze zu Indien. Hier gehen die schnee- und eisbedeckten Höhen in eine subtropische Landschaft über, in der ausgedehnte Reisfelder, Flussebenen und die als Terai bekannten Wälder das Bild bestimmen. Es ist eine sanfte, eher indisch als nepalesisch geprägte Region, die ihre Eigenart bewahrt hat und vom Stamm der Tharu bevölkert wird. Hier befindet sich auch der Royal Chitwan National Park, ein einzigartiges Paradies für wild lebende Tiere.

Sonnenaufgang über einem Zufluss des Rapti River

Im Nationalpark bilden Elefanten das Haupttransportmittel und Panzernashörner, Leoparden und Tiger lauern auf Nahrungssuche im hohen, dichten Gras. Vermutlich werden Sie keinen Tiger zu sehen bekommen, auch wenn dies nicht ausgeschlossen ist. Dass Ihre Erregung bei einem Marsch durch den Regenwald oder durch das hohe Gras zunimmt, wenn Sie an eine mögliche Begegnung mit diesen Großkatzen denken, ist verständlich. Aber von Ihrer hohen Warte aus – dem Elefantenrücken – müssen Sie nichts befürchten, denn auch Tiger haben Respekt vor den bis zu fünf Tonnen schweren Riesen.

Elefantenreiten in Nepal

Chitwan, Nepal

Ritt auf dem Elefanten in der Abenddämmerung

Der etwa 1400 km^2 große Nationalpark wurde 1973 vom damaligen König Birendra Bir Bikram Schah Dev gegründet, um die königlichen Jagdpartien und die Wilderei zu unterbinden, die die Tiger- und Nashornbestände auszurotten drohten. So etwa wurden noch 1938 bei einer einzigen Jagd, an der Lord Linlithgow, Vizekönig von Indien, teilnahm, 120 Tiger, 38 Nashörner, 27 Leoparden und 15 Bären erlegt. Zählte man 1968 noch knapp 100 Tiger, so war ihre Zahl in den 1970ern auf nur noch 20 Exemplare gesunken. Nach Einführung der Schutzmaßnahmen erholte sich der Bestand heute auf rund 400 Nashörner und 80 Tiger.

Alltag im Dorf Terai

In Anerkennung der Bedeutung Chitwans als letztes Rückzugsgebiet für bedrohte Großwildarten wurde der Nationalpark von der UNESCO 1984 in die Liste des Weltnaturerbes aufgenommen. Dadurch konnte der verheerenden Einwirkung des Menschen auf den Park zumindest vorübergehend Einhalt geboten werden.

Heute besuchen immer mehr Touristen den Park und führen statt Waffen Kameras mit sich. Der in seiner Form einem Elefantenrüssel ähnelnde Nationalpark erstreckt sich von Westen nach Osten entlang dem Südufer des trägen Flusses Rapti. Der Zugang erfolgt meist über das Dorf Sauraha, hier findet man billige Hotels, zahlreiche Lodges und Veranstalter von Elefantentouren. Als Alternative empfiehlt sich die Übernachtung in einer der sechs Öko-Herbergen – Sie werden es nicht bereuen. Die Lodges besitzen eigene Elefanten und kümmern sich um sie wie um die eigene Familie. Dabei wird jeder Elefant bei seinem eigenen Namen genannt. Reizende, wenn auch rustikal eingerichtete Hütten, helfen den Eingriff des Menschen in dieses Stück Natur möglichst gering zu halten.

Mondaufgang über Terai

Zu jeder Tageszeit kann man Elefanten und erfahrene Elefantenführer anheuern und so, ohne an ein festes Programm gebunden zu sein, die Wildnis erkunden. Nur auf dem Rücken eines schwerfällig wirkenden, gemächlich dahintrottenden Dickhäuters offenbart sich dem Besucher im Morgengrauen oder Sonnenuntergang die Schönheit des Chitwan Parks. Vor allem am Morgen hüllen Nebelschwaden

In dem hohen Gras können sich Tiger und Panzernashörner verstecken.

mitunter Gewässer, Grasland und Flusswälder in einen Dunstschleier und dämpfen jeden Laut. Wenn man dazu noch die Silhouette eines Panzernashorns entdeckt und sich ihm lautlos nähert, während der Elefantenführer seinem Tier einen Befehl ins Ohr flüstert, so gewinnt man ein Gefühl für die urzeitliche Jagd, mit dem Unterschied allerdings, dass man diesmal weder die Beute erlegen muss, noch sich selbst gefährdet und auch nicht hungrig bleibt. Wieder zurück, erwarten einen in der Lodge unter anderem frisch zubereiteter Reis, Curry und Gemüse.

Zwischen dem Elefanten und seinem Führer, dem Phanit, besteht eine über Jahre aufgebaute enge Vertrauensbeziehung, die schon im frühesten Alter des Tieres beginnt. Dabei setzt sie mehr als nur körperliche Pflege des Tieres voraus, das mit Unterstützung eines Mahut genannten Helfers gereinigt und verpflegt wird. Die Fütterung eines Elefanten ist nicht zu unterschätzen: Ein erwachsener Elefant vertilgt täglich rund 300 kg Gras und 20 kg Kuchi, ein Gemisch aus Reis und Melasse, und braucht etwa 200 l Wasser. Trotz ihrer ein-

Frau vom Stamm der Terai bei der Ernte

Ein Phanit bereitet einen Elefanten für einen abendlichen Ausritt vor.

Streng geschützt – das schwarze Nashorn

druckvollen Größe und des Gewichts bewegen sich Elefanten im Wasser äußerst graziös und können sogar schwimmen.

Die Tierwelt erwacht zum Leben im Morgengrauen und in der Abenddämmerung. Dabei lohnt es sich, auch nach anderen Tieren Ausschau zu halten. Den Park bevölkern Rhesusaffen, Sumpfkrokodil, Lippenbär sowie der Gaur, die größte noch existierende Wildrindart. Ungewöhnlich vielfältig ist auch die Vogelwelt: der Nationalpark bietet rund einem Zehntel aller bekannten Arten Lebensraum, von Ibissen, Adlern, Fischadlern bis zu rotfiederigen Enten.

Es ist nicht leicht, in Nepal nicht an die schneebedeckten Gipfel zu denken, doch wer sich, wenn auch nur für wenige Tage im Chitwan Nationalpark aufhält, vergisst bald die Hochgebirgswelt.

ⓘ

Von Nepals Hauptstadt Kathmandu erreicht man Bharatpur per Flugzeug oder per Bus, wobei die hoch interessante Reise entlang dem wilden Fluss Narayani und durch die mächtige Schlucht von Kali Gandaki führt. Am ehesten kann man Tiger beobachten, wenn das Gras geschnitten werden darf und es den Einheimischen gestattet ist, im Park das Gras zu ernten.

Schwarzes Nashorn bei der Tränke

Heli-Hiking in den Rockies

Golden, Kanada

Die Rocky Mountains, die fast die gesamte Länge der Westküste von Kanada und den USA einnehmen, beeindrucken durch die unberührte Wildnis von Felsen, Eis, dichten Wäldern, Wiesen und als Paradies für alle Fans von Heli-Hiking. Dieser neuartige Zugang zu Hochgebirgslandschaften, die bisher nur hartgesottenen Bergsteigern vorbehalten waren, erschließt die faszinierende Bergwelt rund um das Städtchen Golden in British Columbia. Heli-Hiker können nun, ausgerüstet mit dem nötigsten Gepäck, in einer jener abgelegenen Luxusherbergen übernachten und das unbequeme Zelten vergessen.

Blick von der Purcell Lodge auf das Beaver Valley und die Selkirk Mountains

In den majestätischen Rockies gibt es nur etwas, was klein ist – die Städte. So auch Golden, das rund 143 km westlich von Banff in den Rockies gelegene Städtchen, das von Holzverarbeitung und dem Bergtourismus lebt. Hinzu kommt Kicking House, das Skizentrum für winterliche Abfahrten im unberührten Pulverneuschnee. Außerdem wird Golden von nicht weniger als sechs Nationalparks umgeben. Von Golden aus starten zweimal wöchentlich die Hubschrauber zur neuen Purcell Lodge, einem umweltfreundlich konzipierten Hotel oberhalb des Beaver River am Rand des Glacier Nationalparks. Der Flug zur

Lodge, bei dem man 1200 Höhenmeter unwegsamsten Geländes in knapp 30 Minuten überwindet, führt über messerscharfe eisbedeckte Kämme, schroffe Gipfel, steil abfallende Felsen und tiefe Schluchten.

Einige Hubschrauberunternehmen organisieren mehrmals täglich Flüge ins Hochgebirge und befördern die Kunden von einem Berg zum anderen, wiederum andere, wie etwa die in Purcell ansässige Gesellschaft, ziehen es vor, die Anzahl der Flüge zu begrenzen, um die Stille der Gegend nicht zu stören. Da man in der Lodge nur einen mindestens 4-tägigen Aufenthalt buchen kann, bedeutet dies, dass der Besucher entspannen und die unberührte, stille Natur voll genießen kann. Und die Natur ist in der Tat großartig! Die Lodge befindet sich in der alpinen Zone oberhalb subalpiner Kiefernwälder, und gelegentlich kann man sogar Grizzlys und Schwarzbären auf Wiesen und Lichtungen auf der Suche nach Beerenfrüchten oder Backenhörnchen beobachten.

Purcell Lodge vor den Selkirk Mountains

Im Spätherbst gefallener Neuschnee lockt zu einem Aufenthalt in Purcell.

Der eisbedeckte Mount Sir Donald überragt die Selkirk Mountains.

Die Purcell Lodge ist nur per Hubschrauber erreichbar.

Westlich davon, jenseits des tiefen Tals des Beaver River erheben sich die gletscherbedeckten, Selkirk Mountains mit ihrer höchsten Spitze, dem 3277 m hohen Mount Sir Donald. Obwohl es noch weitere Dreitausender in der Umgebung gibt, ist »Sir Donald«, wie man den Gipfel hier respektvoll nennt, der Ort, wo die Sonnenauf- und -untergänge am dramatischsten erscheinen. Im Morgengrauen ist es zwar noch frostig, doch lohnt es sich, vom Balkon aus zu beobachten, wie die Morgenröte den Osthang des Gipfels hinunter zum gegenüberliegenden Illecillewaet-Gletscher gleitet. Der markante Osthang des Sir Donald-Gipfels dient zugleich als Orientierungshilfe bei Wanderungen.

Besonders attraktiv ist Heli-Hiking in dieser Region auch dank des gut ausgebauten Netzes an Wanderwegen. Mit anspielungsreichen Namen wie Kneegrinder, Roller Coaster und Long Overdue Ridge, bieten sich den Bergfreunden Wanderrouten aller Schwierigkeitsgrade und von Ganztagestouren, z. B. zum Copperstain Mountain (2606 m) und Moonraker Peak (2850 m), bis hin zu kurzen, bequemen Streifzügen. Dabei kann man die urtümliche, wilde Natur und ihre Bewohner hautnah erleben, andererseits aber am Nachmittag wieder zurück in der Lodge sein und vor dem Kamin den Tee genießen.

Heli-Hiking ist in Purcell nicht nur in der Hauptsaison, d. h. im Frühling und Sommer, beliebt, wenn die farbenprächtigen Wildblumen die Bergwiesen überziehen, sondern auch im Spätherbst, wenn schon der erste Schnee liegt. Mit dem Wintereinbruch wandelt sich auch das allgemeine Bild: Die Wanderschuhe verschwinden, und die Skier werden ausgepackt. Das Gebiet gilt als schneesicher, sodass die Lodge auch im Winter ihre Gäste nach einer Fahrt durch den Pulverschnee mit einer entspannenden Sauna begrüßen kann. Welche Jahreszeit man auch wählt, Heli-Hiking bleibt stets ein unvergessliches Erlebnis.

ⓘ

Golden liegt am Trans Canada Highway 1 zwischen Banff und Vancouver. Nächster internationaler Flughafen ist Calgary. Von hier bietet die Canadian Affair Charterflüge nach Golden an. Bei allen Helikopterflügen besteht beim Gepäck strenge Gewichtsbegrenzung. Bei Buchungen für die Purcell Lodge ist die Gebühr für den Hubschraubertransfer im Preis mitinbegriffen.

Schroffe Höhenzüge auf dem Weg nach Purcell

Gefrorene subalpine Föhrenrinde

Gewitterwolken brauen sich über dem Mount Sir Donald zusammen.

Mit der Feluke auf dem Nil

Assuan, Ägypten

Wie kein anderer Strom ruft der Nil Bilder einer großartigen antiken Hochkultur hervor, und es gibt keinen besseren Weg, diese Welt zu erforschen als an Bord einer Feluke, eines traditionellen Segelschiffs.

In Luxor werden viele rund einstündige Kurzfahrten angeboten, wirklich lohnend ist aber die dreitägige Tour von Assuan, Ägyptens südlichster Stadt, nordwärts nach Kom Ombo, in deren Verlauf man das seit Jahrhunderten fast unveränderte ländliche Leben entlang dem Nil ohne Hast und in seiner Vielschichtigkeit entdeckt.

Bei schwachem Wind müssen die Feluken einen Zickzackkurs einschlagen.

Kinder planschen im Nil bei Kom Ombo.

An Bord gibt es keinen Luxus, lediglich einfachste Kochmöglichkeiten; auf Wunsch legt die Feluke kurze Stopps ein, damit der Reisende an Land ein Badehaus aufsucht. Dieses einfache Leben an Bord steht jedenfalls in Einklang mit der Umgebung, dem Fluss und seiner Geschichte sowie dem Leben im Zeichen von Sonnenaufgang und -untergang. Das Erlebnis des anbrechenden Morgens, wenn der nächtliche Himmel sich zunehmend aufhellt und in orangefarbenes Licht gehüllt wird, ist allemal ein eindrucksvolleres Schauspiel als jeder Tagesanfang in einem 5-Sterne-Hotel.

Der Kapitän einer Feluke hisst das Segel bei Sonnenuntergang.

Das Leben auf dem Deck ist einfach, aber entspannend.

Der Nil, der längste Strom der Welt, entspringt im Victoriasee in Tansania und mündet nach 6825 km mit einem Delta ins Mittelmeer. Seit Urzeiten ist er die Lebensader dieses Landes, und Herodot, der »Vater der Geschichte«, bezeichnete Ägypten als »Geschenk des Nils«. Die jährlichen Fluten bringen fruchtbaren Schlamm mit sich und machen einen schmalen Streifen Land beidseitig des Nils zu fruchtbarem Ackerland. Ausdruck für die hohe Verehrung, die die Ägypter dem Nil entgegenbrachten, sind die zahlreichen, an seinen Ufern errichteten Tempel, von jenen von Abu Simbel, südlich von Assuan, bis zu den berühmten Tempeln von Luxor.

Feluken mit ihren hohen, weißen Leinwandsegeln dienten einst dem Transport von Gütern auf dem Nil, heute jedoch befördern sie fast ausschließlich Touristen. Auf jeder Feluke gibt es einen Kapitän und einen Koch; während der Fahrt kann es sich der Reisende auf dem Deck auf einer Matte bequem machen und die friedliche, langsam vorbeigleitende Landschaft am Nilufer bewundern: Mal sieht man Menschen, die Esel ans Flussufer bringen, um sie zu waschen, dann wiederum kreuzen hoffnungslos überfüllte Fähren den Weg, während man bei Sonnenuntergang am Ufer gläubige Moslems im Gebet vertieft sieht. Das Boot zieht vorbei an winzigen, schilfgedeckten Hütten, während ein sanfter Wind die Segel bläht und das Boot gemächlich nordwärts vorantreibt.

Am Abend wird das Boot an einer isolierten Stelle am Ufer festgetäut, und der Koch beginnt auf seiner winzigen Feuerstelle mit der Zubereitung der Mahlzeit. Nach dem Essen sitzt man entspannt am Ufer um ein Feuer und lauscht den Liedern und Geschichten des Kapitäns. Bald jedoch versinken alle Umrisse in ein tiefes Dunkel, während Myriaden heller Sterne den Himmel übersäen. Nicht zufällig zeigten die alten Ägypter daher ein besonderes Interesse für die Astronomie und den Lauf der Gestirne. Während das Boot auf dem

Zeichnung am Eingang zum Horus-Tempel in Edfu

In Kom Ombo steht der Horus und Sobek geweihte Tempel.

Wasser leicht auf und ab schaukelt, ist es Zeit, sich für die Nachtruhe unter warmen Decken oder im Schlafsack vorzubereiten, denn mitunter wird es in der Nacht empfindlich kalt.

Bei ausreichend Südwind erreicht die Feluke Edfu mit seinem berühmten Horus-Heiligtum aus dem 3. Jahrhundert v. Chr., einem der besterhaltenen Tempel Ägyptens. Höhepunkt der meisten dreitägigen Touren ist Kom Ombo mit seinen bekannten Tempeln zu Ehren von Horus und dem Krokodilgott Sobek. Wo immer eine solche Reise auch endet, überall wird der Reisende an die einstige Größe dieser Kultur erinnert, die ohne diesen sagenumwobenen Fluss nie möglich gewesen wäre.

Sonnenaufgang über dem Nil

Egypt Air (www.egyptair.com.eg) fliegt täglich nach Kairo, Luxor und Assuan, während Experience Egypt (www.experience-egypt.com) individuell angepasste Flussfahrten mit Feluken ausrichtet. Anschlussaufenthalte in Luxor sowie in Kairo – mit dem Besuch der Pyramiden von Gizeh – können ebenfalls gebucht werden.

Morgendliches Erwachen auf dem Deck

Feluken waren einst das traditionelle Beförderungsmittel für Güter.

Den Vulkan besteigen

Pacaya, Guatemala

Der Ausbruch des Pacaya bietet ein spektakuläres Schauspiel.

Den Ausbruch des Pacaya verfolgt man am besten beim Aufstieg am Nachmittag.

Der Anblick eines Feuer speienden Vulkans ist ein überwältigendes Ereignis – und im Süden Guatemalas kann man beim Aufstieg zur Spitze des Pacaya die ausströmende Hitze geradezu fühlen. Man muss nicht verrückt sein, um so etwas zu unternehmen. Für abenteuerlustige Touristen gibt es täglich geführte Touren zu diesem aktiven Vulkan, der zeigt, wie die Urgewalten der Natur am Werk sind.

Der Pacaya liegt 30 km südlich von Guatemala Stadt und ist mit dem Auto bequem von Antigua aus zu erreichen. Das reizende Städtchen, das heute zum UNESCO-Weltkulturerbe zählt, war einst die Hauptstadt des spanischen Königreichs von Guatemala, das den Süden Mexikos und weite Teile des heutigen Mittelamerikas umfasste. Es wird von den drei mächtigen, nicht aktiven Vulkanen Agua, Fuego und

Glühende Lavaströme wälzen sich die Hänge hinunter.

Hausverzierung in der Kolonialstadt Antigua

Acatenango beherrscht und wurde im Laufe der Zeit wiederholt von schweren Erdbeben heimgesucht. Deshalb wurde der Sitz des Königreichs 1776 nach Guatemala Stadt verlegt.

Im Unterschied zur neuen Hauptstadt bewahrte Antigua seinen Charme; dazu trugen seine zahlreichen Kirchen und Klöster sowie die farbenfrohen Häuser im Kolonialstil bei. Antigua ist auch Schauplatz eines prächtigen Umzugs während der Karwoche, der die Stadt in ein riesiges buntes Blumenmeer verwandelt. Dabei sind schon allein die feierlichen Prozessionen und die üppig dekorierten Festwägen ein unvergessliches Schauspiel.

Wann immer Sie nach Antigua kommen, nicht zu übersehen sind die Unternehmen, die geführte Touren zum Vulkan Pacaya anbieten, sowie deren Flugblattverteiler in der Plaza Mayor. Die Besteigung des 2560 m hohen Vulkans hat es in sich, denn bis zur Spitze ist es ein

Wegen seiner Nähe zu den Vulkanen büßte Antigua seinen Status als Hauptstadt ein.

Maya-Einwohner aus dem Hochland auf dem Weg zum Markt

zwei- bis dreistündiger beschwerlicher Aufstieg über schwarze Lavafelder und Geröllhänge. Für Reisegruppen wird der Aufstieg gewählt, der in San Francesco de Sales, dem Zentrum des Nationalparks Pacaya, beginnt. Die Touren sind so abgestimmt, dass man die Spitze des Vulkankegels rechtzeitig erreicht, um den Sonnenuntergang sowie das Spektakel der austretenden glühend roten Lava vor dem Hintergrund des dunklen Abendhimmels bestaunen zu können.

Schon nach den ersten Schritten ist das allgegenwärtige, dumpfe Grollen der fernen Eruptionen hoch oben zu hören. Und damit nicht der Eindruck aufkommt, es handle sich um einen harmlosen Spaziergang, säumen schon bald heißen Dampf speiende Erdspalten den Pfad, der zum aktiven McKenney Kegel führt. Auch der Boden unter den Füßen beginnt sich zu erwärmen, und man ist froh, in festen Bergschuhen zu wandern. Während man glaubt, sich direkt dem Rand des aktiven Kegels zu nähern, zweigt der Pfad nach links ab und führt aufwärts zum alten, schlafenden Vulkankegel.

Bei gutem Wetter bietet sich von oben ein überwältigender Panoramablick. Aus dem aktiven Schlot zischt und brodelt es, rote Lava ergießt sich über die Ränder, und immer wieder wird glühendes Gestein bis zu 100 m hoch geschleudert, während penetranter Schwefelgeruch die Luft erfüllt. Vor dem Hintergrund dieser eindrucksvollen »Show« heben sich die kegelförmigen Umrisse der drei anderen Vulkane von Antigua ab. Mit zunehmender Dunkelheit steigt auch die Dramatik dieses Naturschauspiels: Die orangefarbenen bis tiefroten Lavaströme fließen zäh, aber unablässig die Hänge hinunter.

Geführte Touren zum Vulkan kann man in Antigua im Reisebüro neben der Kathedrale buchen. Hier erhält man auch Auskunft über qualifizierte und staatlich zugelassene Tourenveranstalter. Jedenfalls ist davon abzuraten, den Pacaya allein, ohne ortskundigen Führer zu besteigen. Manche Ausflügler wagen sich auch bis zum Rand des aktiven Vulkanschlots vor, doch kann dies lebensgefährlich werden, da man nie weiß, wie heftig der nächste Ausbruch ist. Der Aufstieg zum Pacaya ist kein Sonntagsspaziergang, und es empfiehlt sich, dabei ständig besonders umsichtig zu sein. Gute Unterkunftsmöglichkeiten bietet in Antigua das im Kolonialstil erbaute Hotel Posada de Don Rodrigo.

Maya-Frau bereitet Blumen zum Verkauf vor.

Wandern auf dem Milford Track

Fiordland, Neuseeland

Wer die Natur in Wanderschuhen und mit Rucksack erkunden will, für den ist der Milford Track, auch als »größter Wanderweg der Welt« gepriesen, ein Muss. Er durchquert im Herzen der Südinsel das unberührte Fiordland mit den tief eingeschnittenen, von Gletschern überformten Tälern und windet sich ins Hochgebirge bis zum Mackinnon Pass. Von hier geht es bergab, vorbei an wilden Gebirgsflüssen und majestätischen Wasserfällen, darunter den Sutherlands Falls, bis Milford Sound, das der zerklüftete Mitre Peak überragt.

Der Milford Sound, eine tief eingeschnittene, fjordartige Bucht

Spektakuläre Gebirgsszenerie säumt den Weg von Glade House.

Der Mitre Peak beherrscht den Milford Sound.

Seitdem Quintin Mackinnon und Ernest Mitchell 1888 als Erste dieser Route folgten, taten es ihnen zahllose erfahrene Wanderer ebenso wie Anfänger auf dieser 53 km langen 4-Tage-Tour gleich, die einen schwierigen, aber auch einen leichten Abschnitt umfasst. Geführte Touren bieten den Vorteil, dass auf die Teilnehmer abends eine relativ luxuriöse Unterkunft, ein Drei-Gänge-Menü, eine warme Dusche und ein Glas Wein warten. Aber auch wer auf eigene Faust wandert, findet entlang der Route eine Reihe von Schutzhütten.

Geführte Touren beginnen in Queenstown, wo man nach der Anmeldung mit dem Bus nach Te Anau reist. Hier setzt man auf ein Ausflugsboot über, das die Teilnehmer zur Landzunge des Te Anau Lake bringt. Auf der Überfahrt tauchen in der Ferne die ersten Höhenzüge auf, deren Flanken in dichten Regenwald gehüllt sind. Von der Anlegestelle ist es noch ein etwa 20-minütiger Fußweg auf einem von Farnen gesäumten Pfad bis zur ersten Lodge: dem Glad House.

Der Wetland Walk ist ein kurzer Abstecher.

Durch dichten Regenwald führt der Pfad bei Glade House.

Am Morgen des zweiten Tages bringt eine Hängebrücke über dem Clinton River einen ersten Vorgeschmack auf das Abenteuer. Danach schlängelt sich der Pfad durch dichten Buchenwald, zum Wetland Walk, einem Naturschutzgebiet einzigartiger Moose und Farne. Auf flachem Gelände geht es nun eine Weile auf dem breiten Pfad, bevor man in den westlichen Ausläufer des Clinton-Tals mit den 1220 m hohen Wänden hinaufsteigt.

Tosend stürzt ein Wasserfall durch eine enge Schlucht.

Der höchste Punkt der Wanderung ist der Mackinnon Pass, den der Mount Balloon beherrscht.

Wasserfall unweit der Pompolona Lodge

Nach einer Übernachtung in der Pompolona Lodge heißt es im Morgengrauen aufbrechen, denn es gilt, den Aufstieg zum 1073 m hoch gelegenen Mackinnon Pass zu meistern. Nach Überquerung einer Schwindel erregenden Hängebrücke beginnt der mühsame Aufstieg: In zahllosen Kehren schraubt sich der Pfad durch den Wald immer höher bis zum überwältigenden Aussichtspunkt Nicholas Cirque. Noch ein letztes Stück und man steht auf der Passhöhe, wo ein 1912 errichteter Steinhaufen an Mackinnons und Mitchells denkwürdige Leistung erinnert. Ungehindert schweift der Blick bis weit in die Ferne über tief eingeschnittene Täler und ein Meer von Gipfeln.

Weiter geht es auf dem Bergsattel, entlang dem Grat des mächtigen Mount Balloon, bevor der 6 km lange Abstieg zur Quinton Hut beginnt. Zwar fordert der felsige, unebene Pfad volle Konzentration, dennoch sollte man die Aussicht auf die zerklüfteten Gipfel, die von Gletschern gespeisten Gebirgsbäche und die hinabstürzenden Wasserfälle genießen. Und wer, am Zielort angekommen, immer noch ausreichend fit ist, der kann zu einer 90 Minuten langen Wanderung zu den Sutherlands Falls starten, die mit ihren 540 m die fünfthöchsten Wasserfälle der Welt sind.

Nach den bisherigen Mühen wird einem der letzte Abschnitt vermutlich wie ein Spaziergang vorkommen. Es geht stetig bergab und sobald man die 43-km-Marke erreicht, taucht man wieder in Regenwald ein und wandert auf flachem Gelände. Der Anblick des Lake Ada bedeutet, dass es nicht mehr weit ist bis Sandfly Point, dem Ziel der Wanderung. Von hier geht es per Boot hinaus auf den Milford Sound. Den krönenden Abschluss bildet eine nächtliche Fahrt mit dem Segelschiff *Milford Mariner* durch die fjordartige Bucht, um das Schauspiel der über der Tasmansee untergehenden Sonne zu verfolgen.

ⓘ

Air New Zealand (www.airnewzealand.com) fliegt – direkt oder über Auckland – mehrmals täglich Queenstown an, wo das in einer ehemaligen Molkerei eingerichtete Dairy Guest House (www.thedairy.co.nz) beste Unterkunftsmöglichkeiten bietet. Geführte Touren kann man über den Anbieter Ultimate Hikes (www.ultimatehikes.co.nz) buchen. Die ideale Ergänzung bildet ein Segeltörn an Bord der *Milford Mariner* (www.realjourneys.co.nz) durch die Bucht Milford Sound. Ein besonderes Erlebnis ist ein Rückflug nach Queenstown in einem kleinen Sportflugzeug über die eindrucksvolle Bergwelt (www.airfiordland.com).

Ein Gipfel auf dem Weg von Glade House erstrahlt im Licht der Morgensonne.

Mit dem Kamel unterwegs in der Nähe des Djebel Um Ishrin

Der Ritt auf dem »Wüstenschiff« zwischen den mächtigen Sandsteinfelsen des Wadi Rum, die Lawrence von Arabien so faszinierten, ist die ideale Art, diese einzigartige Wildnis kennen zu lernen, in der es noch die vollkommene Stille gibt.

Ab dem 4. Jahrhundert n. Chr. beherrschten die halbnomadischen Nabatäer alle Handelsrouten aus dem Süden Jordaniens, darunter auch jene durch den Wadi Rum, wo sie Tempel errichteten. Der Handel mit Weihrauch und Myrrhe aus Arabia felix (dem heutigen Jemen), mit Purpur aus Phönizien und Gewürzen aus Indien bescherte ihnen einen einmaligen Wohlstand. Ihre Nachfahren, die Beduinen, sind heute die Herren des Wadi Rum und die idealen Reiseführer für alle Wüstenabenteuer, von Klettertouren bis zu Kamel-Trekking.

Kamel-Trekking
im Wadi Rum, Jordanien

Beim Verlassen der engen Barrah-Schlucht

Der Stamm der Howeitat herrscht über die Schlafmöglichkeiten im Dorf Rum, während die Angehörigen der Zweidehs das Sagen im nahen Disi haben, einem für Kamel-Touren geeigneteren Ort. Er bildet den Ausgangspunkt für Exkursionen in die Täler und zu den Bergen (Djebels) östlich vom Djebel Um Ishrin, wo die Wüstenlandschaft an bizarre Felsspitzen und riesige Findlinge grenzt.

Wenn es um einen schlechten Ruf geht, so nehmen die Kamele einen der Spitzenplätze ein. Sie gelten als mürrisch, störrisch und aufbrausend und schrecken nicht mal davor zurück, jemanden, der sie reizt, anzuspucken. Das Gute an ihnen ist, dass ihr Ruf schlechter ist,

Von der Hitze ausgetrocknete Erde westlich von Disi

Kamele neigen oft dazu zu spucken, also ist Vorsicht geboten.

Abendlicher Ritt beim steil aufragenden Djebel Um Ishrin

als sie es in Wirklichkeit sind. Auch trachten sie nicht danach, jemanden, der gerade aufgesessen ist, gleich abzuwerfen.

Zu Beginn der Tour, während es noch von Disi zum imposanten Djebel Barrah durch ebenes Gelände geht, ist man sicherlich noch damit beschäftigt, eine halbwegs bequeme Sitzposition in dem leicht schwankenden Holzsattel zu finden. Sobald es Ihnen gelungen ist, die eigene Körperbewegung in Einklang mit dem wiegenden Gang des Kamels zu bringen, sind Sie auch imstande, den Blick nach oben zu richten und die Formenvielfalt an Felsformationen zu bewundern, die den Djebel Um Anfus und Djebel Abu Arashrasha prägen.

Es empfiehlt sich, möglichst frühzeitig aufzubrechen, um der glühenden Mittagshitze zu entkommen und an einem schattigen Ort rasten zu können. Auf diese Weise bleibt auch ausreichend Zeit, die Umgebung zu entdecken. Einer der landschaftlichen Höhepunkte ist der halb verborgene Barrah-Canyon, eine tiefe Schlucht, die von den senkrechten Wänden des Djebel Barrah und des Djebel Abu Judaidah gebildet wird. Der gemächliche Gang des Kamels führt den Reisenden

Der Wind formte diese wellenförmigen Sanddünen bei Disi.

Sonnenaufgang über den zerklüfteten Sandsteinfelsen bei Disi

durch Täler, Schluchten und über Dünen, sodass man mühelos rund 40 km täglich zurücklegen kann.

In der Wüste überwiegen zwar eher nachtaktive Tiere, dennoch ist sie kein unbelebter Naturraum. Die spärliche, an extreme Lebensbedingungen angepasste Pflanzenwelt umfasst in den Tälern vor allem Tamarisken und Akazien, während auf den Bergen die Zypressen noch die letzten Reste an Feuchtigkeit zu nutzen versuchen. Mit viel Glück kann man den inzwischen überaus seltenen Nubischen Steinbock erspähen. Die einzigen Menschen, denen man in dieser unwirtlichen Gegend noch begegnet, sind die Beduinenhirten, die ihre Ziegen zu den spärlich mit Pflanzen bewachsenen Stellen treiben.

Ritt durch die staubtrockene Landschaft bei Disi

Auf längeren Ausflügen kann man in traditionellen, aus Ziegenwolle gewebten Zelten übernachten und die Gastfreundlichkeit genießen, für die die Beduinen berühmt sind. Als besonderer Höhepunkt gestaltet sich die Beobachtung des Sonnenaufgangs und -untergangs. Unvergesslich ist vor allem die Stunde vor Sonnenaufgang bzw. die Zeit kurz nach Sonnenuntergang, wenn das Licht mit den bizarren Felsen der Djebels und den Sanddünen zu verschmelzen scheint. Über allem herrscht jedoch eine unbeschreibliche Stille, wie sie nur in der Ödnis und Weite der Wüste erlebt werden kann.

ⓘ

Alle großen Fluggesellschaften fliegen die Hauptstadt Amman an. Von hier gelangt man auf einer etwa fünfstündigen Autofahrt auf dem Desert Highway nach Wadi Rum. Das Angebot an Übernachtungsmöglichkeiten ist recht knapp; die beste Unterkunft in traditioneller beduinischer Umgebung bietet das neu eröffnete Desert Explorer's Bait Ali Camp unweit von Disi (www.desertexplorer.net). Kamel- oder Reittouren durch die Wüste werden u. a. von diversen deutschsprachigen Spezialveranstaltern im Rahmen von Rundreisen durch Jordanien angeboten. Weitere Informationen bietet das Jordanische Touristenamt (www.see-jordan.com).

Feiern am Mardi Gras

New Orleans, USA

New Orleans ist keineswegs arm an Events, unbestrittener Höhepunkt ist jedoch der Mardi Gras, der Faschingsdienstag, der die Fastenzeit einleitet. Bereits etwa zwei Wochen zuvor beginnen die farbenfrohen Umzüge und Auftritte der Jazz- und Blues-Bands. Als Besucher muss man nicht abseits stehen; man kann tanzend die Bourbon Street entlang ziehen und sogar auf einem der Prunkwägen am Umzug teilnehmen – ein sicherlich unvergessliches Erlebnis.

An den Ufern des trägen Mississippi im Süden Louisianas gelegen, präsentiert sich New Orleans als buntes Mosaik aus Holzhäusern im Kolonialstil, gusseisernen Balkonen und stimmungsvollen Jazz- und

Auf der breiten Canal Street herrscht auch nachts ausgelassene Stimmung.

Bourbon Street – das Herz von New Orleans

Zulu Rex, der König des bekannten Krewe Zulu

Die College-Bands spielen bei den Umzügen mit.

Auch der Mid-City Krewe hat seine eigene Band.

Blues-Bars. Schaufelraddampfer durchpflügen immer noch den breiten Strom, Straßenmusiker spielen gefühlsvolle Melodien und der Duft der Cajun-Küche erfüllt die Gassen.

Mardi Gras, wörtlich »Fetter Dienstag«, fällt zwar nicht auf ein festes Datum, er bildet aber die Krönung der rauschenden Feste. Um Mitternacht kommt dann die Ausgelassenheit zum Erliegen und mit dem Aschermittwoch beginnt die 40-tägige Fastenzeit. Daher sollte man als Besucher spätestens am Wochenende davor eintreffen, wenn die »Krewes« ihre Paraden abhalten. Krewes sind klubähnliche, mehrere tausend Mitglieder zählende Gruppen, die die Prunkwägen finanzieren, Bälle abhalten und den Umzug organisieren.

Berühmte Krewes wie Orpheus, Bacchus und Rex wecken mit ihren riesigen Umzugswägen, den »floats«, die Begeisterung der Anwesenden, aber kleinere Krewes dürften den wahren Geist des Mardi Gras vermutlich besser vermitteln. So etwa der Mid-City Krewe, der es auch Nichtmitgliedern gestattet, auf seinen Prunkwägen Platz zu nehmen. Seine Parade unter dem Motto »Things We Do for Love« ist eine Show glitzernder Prunkwägen, die von Bands und Reitern in Festkostümen begleitet werden. Sollten Sie das Glück haben, auf einem der Prunkwägen zu stehen, so müssen Sie nur eines tun: möglichst viele Schmuckketten, Spielzeuge und Münzen, »doubloons« genannt, unter die Menge verteilen.

Schaulustige auf der Bourbon Street

Zu Beginn der Parade setzen sich die Prunkwägen auf der dreispurigen St-Charles Avenue langsam in Bewegung, deren Häuser in den traditionellen Karnevalsfarben Purpur, Grün und Gold als Symbol für Gerechtigkeit, Glaube und Macht geschmückt sind. Nicht enden wollende Jubelrufe begleiten die winkenden Hände und wer kann, steigt auf eine mitgebrachte Trittleiter, um die Menschenmenge zu überragen und so möglichst viele Schmuckketten ergattern zu können. Denn für die meisten Feiernden ist Mardi Gras vor allem dies – auffällig bunte, schrille und, eigentlich wertlose, Schmuckketten aus Kunststoff. Immer mehr Menschen drängen sich schließlich zum letzten großen Auftritt auf der Canal Street, der Hauptverkehrsader der Stadt und angeblich der breitesten Straße der Welt. Vier oder fünf Stunden auf einem Prunkwagen verleihen

Traditionsreiche Krewes haben kunstvoll geschmückte Prunkwägen.

Schmuckketten – je mehr, desto besser

einem das Gefühl, man sei ein gefeierter Rockstar oder ein siegreicher Sportler.

Alle Paraden halten auf der legendären Bourbon Street inne, im malerischen French Quarter – der Mardi Gras wurde 1699 von den Franzosen in New Orleans eingeführt – und sofort kehrt hier pulsierendes Leben ein. Die Balkone über den in schummriges Licht getauchten Jazz- und Blues-Bars füllen sich mit Menschen, die unzählige Schmuckketten um den Hals tragen, während die Massen unten auf der Straße immerfort bemüht sind, möglichst viele Plastikketten zu ergattern. Und von überall her regnet es bunte Schmuckketten. An ihnen misst sich der Erfolg des Mardi Gras: Je mehr man davon hat, desto besser. Wer es nicht glaubt, der muss einfach dabei gewesen sein. Niemand entgeht dem Zauber des Mardi Gras und dem Rausch dieses denkwürdigen Straßenfestes.

Der Dampfer *Natchez* auf dem Mississippi

ⓘ

Es empfiehlt sich, frühzeitig ein Hotelzimmer zu buchen. Die Straßen, auf denen die Umzüge stattfinden, sind vor und nach den Umzügen abgesperrt. Es ist also ratsam, ein Hotel entlang der Route des Umzugs zu buchen, so etwa im Pontchartrain Hotel an der St Charles Avenue (www.pontchartrainhotel.com). Infos bietet auch das örtliche Reisebüro (www.neworleanscvb.com).

Tauchen im Roten Meer

Dahab, Ägypten

Dahab

An der Ostküste der Sinai-Halbinsel gelegen, ist Dahab unbestritten die Perle für alle Tauchfreunde. Hier befinden sich einige der berühmtesten Tauchplätze, darunter der Canyon und das Blue Hole, tiefe unterseeische Schluchten im Roten Meer. Sowohl Anfängern als auch erfahrenen Nitrox-Tauchern bieten sich hier faszinierende Reviere.

Rund 85 km nördlich vom mondäneren Urlaubsort Sharm El Sheikh entfernt, liegt Dahab, eine uralte Beduinensiedlung zu Füßen zerklüfteter Bergketten der Sinai-Halbinsel. Man kann sich kaum einen

Leuchtende Korallen unweit des Blue Hole

stärkeren Kontrast zwischen dieser Kulisse dramatischer Felsen und der Unterwasserwelt vorstellen. Die meisten Tauchplätze sind direkt vom Ufer aus erreichbar, sodass der plötzliche Übergang von der Wüste ins Rote Meer sich umso eindrucksvoller präsentiert.

Einer der beliebtesten Tauchplätze ist Eel Garden (»Aal-Garten«), nördlich von dem als Lighthouse Area bekannten Strandabschnitt. Hier, wo der Sandhang etwa 10 bis 15 m sanft in die Tiefe abfällt, kann man schon kurz nach dem Abtauchen beobachten, wie die scheuen Sandaale ihre Körper aus dem sandigen Grund he-

rausstrecken – so als stünden sie im Bann eines Schlangenbeschwörers. Man ist versucht, den Tauchgang nur mit der Beobachtung der Sandaale zu verbringen, statt sich an anderer Stelle dem stachelbewehrten, giftigen Löwenfisch zu widmen.

Dahab bietet eine Fülle bekannter Tauchplätze, darunter auch die im Süden in einer ruhigen Lagune befindlichen Golden Blocks sowie den berühmten Canyon nördlich von Dahab. Der Tauchgang zum Canyon ist anspruchsvoller: Nachdem man zunächst über Korallenriffe am Rand der steil abfallenden Schlucht schnorchelt, geht es dann durch eine schmale Öffnung senkrecht in die Tiefe, wo sich die Schlucht wieder verbreitert. Vorbei an Schwärmen von Glasfischen steigt man immer weiter hinab. Nachdem man die Dunkelheit erkundet hat, taucht man langsam wieder auf, doch sollte man genug Luftreserven haben, um noch die Umgebung der Unterwasserfelsen zu erkunden.

Letzter Check vor dem Tauchgang

Taucher vor dem Abstieg bei den Golden Blocks

Das kahle Sinai-Gebirge reicht bis unmittelbar ans Ufer.

Farbenfrohe Unterwasserwelt beim Blue Hole

Die meisten Tauchfreaks, die nach Dahab kommen, wollen das Blue Hole kennen lernen, eine scheinbar unendlich tiefe Schlucht in der Nähe des Ufers. Für einen Tauchgang ins Blue Hole sollte man schon sehr erfahren sein, denn die Schlucht fällt zunächst bis in rund 300 m Tiefe und dann weiter einige hundert Meter ab. Dass ein Tauchgang hier nicht ungefährlich ist, daran erinnern auch die Gedenktafeln an den Felsen am Ufer für die hier tödlich verunglückten Taucher.

Der sicherste und zugleich interessanteste Einstieg ins Blue Hole erfolgt über die daneben gelegenen »Bells«, einem schmalen Einschnitt im Saumriff. Man muss kopfüber in den dunklen, engen Kamin tauchen, wo es in mehreren Stufen senkrecht bis auf 30 m Tiefe hinabgeht. Für den Bruchteil eines Augenblicks ist man völlig orientierungslos wegen des fehlenden Lichts, doch gleich darauf gewahrt man unten, am Ende des Kamins, einen hellen Lichtfleck – er stammt von einer Öffnung in der Steilwand, einem so genannten Drop off, durch den man in das Blue Hole gelangt. Sobald man sich im weiten, offenen Blue Hole befindet, ist man überwältigt von der lichtdurchfluteten blauen Tiefe und der farbenprächtigen Steilwand.

Langsam taucht man die Wand aufwärts, die von bunt schillernden Korallen verschiedenster Art bewachsen ist. Wie in einem unwirklichen Film ziehen farbenfrohe Schwärme von Fahnenbarschen, Doktorfischen, Drückerfischen und Rotfeuerfischen vorbei. Doch darf man nicht vergessen, immer wieder einen Blick auf den Tiefenmesser zu werfen, da die Strömung den Taucher allzu leicht in die verhängnisvolle Tiefe hinabziehen kann.

Tauchfreaks sollten nach Dahab reisen, solange der Ort noch seine Abgeschiedenheit bewahrt, denn es ist nur eine Frage der Zeit, bis er vom nahen Sharm El Sheikh vereinnahmt wird.

Dahab mit seinen idealen Tauchplätzen wird von allen großen Reiseveranstaltern angeboten. Die Tauchschulen vor Ort genießen einen sehr guten Ruf und die Ausbilder bieten unterschiedlichste Tauchkurse an. Zum Einstieg empfiehlt sich ein fünftägiger Kurs, nach dessen Abschluss man bis zu 20 m tief taucher darf. Dahab wird zunehmend zum Geheimtipp für die erfahrenen Tec-Taucher, die in Tiefen von bis zu 80 m und sogar mehr vordringen.

Exotische Fische suchen Nahrung an den Korallen,

Allein auf dem kilometerlangen Sandstrand von Pakiri Beach

Reiten auf weißen Pferden

Pakiri Beach, Neuseeland

Pakiri Beach liegt auf Neuseelands Nordinsel und hat es bereits zu Filmruhm gebracht. Hier wurden Szenen des 1992 preisgekrönten Films »Das Piano« von Jane Campion gedreht. Zugleich bietet sich Pakiri Beach als Schauplatz für einen unvergesslichen Ritt auf dem Rücken eines weißen Pferdes an.

Die Pakiri Beach liegt an der Hauraki-Bucht.

Von Auckland sind es knapp zwei Autostunden bis Pakiri Beach, dem 21 km langen Strand an der Nordostküste. Sanddünen und wogende Gräser verbergen ihn vor neugierigen Blicken und selbst menschliche Siedlungen sind hier rar: Lediglich einige Gehöfte liegen verstreut umher, sodass man nach Herzenslust am Ufer auf dem Pferd gemächlich dahintrotten, kantern oder in scharfem Galopp reiten kann.

Natürlich ist das Reiten nicht auf die Uferzone begrenzt, Trekking-Routen winden sich durch niederes Gehölz auch auf die benachbarten Hügel. Man begegnet dem Silberfarn, einem der Symbole Neusee-

Ritt auf dem alten Te Kiri Warrior Trail genannten Kriegspfad nach Omaha

Koppeln an der Pakiri Beach

lands, oder kann den Spuren der historischen Pfade der Maorikrieger folgen. Während man dem reichlich vorkommenden Schilf, in der Maorisprache Toi toi genannt, nicht ausweichen kann, empfiehlt es sich, anderen dornigen Sträuchern aus dem Weg zu gehen. Besonders malerisch ist der das Ufer säumende Pohutukawa (Neuseeländischer Weihnachtsbaum), der im Sommer zahllose rote Blüten treibt.

Diese Landschaft ist überaus geschichtsträchtig und reicht bis weit in die Zeit der Maori zurück, die hier Ackerbau trieben und im Meer fischten. Es bietet sich also geradezu an, hoch zu Ross einem der historischen Pfade zu folgen, wie etwa dem fünf Tage dauernden Ritt auf dem Te Kiri Warrior Trail.

Ein Highlight ist der Aufstieg auf die Anhöhe oberhalb des weißen Strandes von Pakiri to Pa, wo einst die Festung des Maorihäuptlings Te Kiri stand. Von hier bietet sich dem Besucher ein überwältigender Fernblick über die Hauraki Bucht und die Little Barrier Island und Great Barrier Island, bekannt auch als Hauturu und Aotea, bis hin zu den Hen and Chicken Islands und sogar bis Auckland.

Der Reisende folgt dabei auch den Spuren von Taukokopu, jenem Maorikrieger und berühmten Läufer, der zwischen den strategischen Aussichtspunkten der Küste hin und her lief und seinen Stamm vor dem herannahenden Feind warnte. Man besichtigt auch das Marae genannte Versammlungshaus der Maori. Nachdem man abgestiegen ist und das Pferd auf der nahen Koppel weiden lässt, nimmt man an der traditionellen Begrüßungszeremonie, Karanga genannt, teil.

Zunächst fordert eine Frauenstimme die Besucher auf, das Marae zu betreten; dann ergreift ein Mann das Wort, erzählt Geschichten und heißt die Gäste willkommen. Nach dem Ende der Reden werden die Gäste gebeten einzutreten und man begrüßt sich durch Hongi, eine Zeremonie, bei der man sich mit den Nasen berührt und die verdeutlicht, dass derselbe Atem Gast und Gastgeber vereint.

Ein Ritt entlang der Pakiri Beach verheißt ungetrübtes Naturerlebnis.

Im Galopp zwischen den Sanddünen hinter der Pakiri Beach

Fünf Stunden dauert ein Ritt nach Süden bis Omaha marae – einem schlichten, modernen Gebäude auf einer Klippe über dem Meer. Die Übernachtung in Schlafsäcken ist nicht als luxuriös zu bezeichnen, aber sicherlich ungewöhnlich. Einer Maori-Legende zufolge wird man von den Göttern gesegnet, wenn man in einem Marae gut schläft. Eines ist sicher: Nach einem mehrtägigen Ritt, frischer Luft und den lokalen Geschichten ist einem der Segen der Götter sicher.

ⓘ

Der Veranstalter Pakiri Beach Horse Rides (www.ridenz.com) bietet geführte Touren, die von Laly und Sharley Haddon, den direkten Nachfahren des Maori-häuptlings Te Kiri, organisiert werden. Man kann die verschiedensten Touren buchen, von einer eintägigen Exkursion bis hin zu einer mehrtägigen Tour mit voller Verpflegung, einschließlich dem fünf Tage dauernden Ritt auf dem Te Kiri Warrior Trail, oder der sieben Tage dauernden Great Northern Coast to Coast Tour. Unterkunftsmöglichkeiten gibt es in diversen Maraes, Bauernwohnungen sowie in ländlichen Pensionen.

Auf der Großen Mauer

Von Jinshanling nach Simatai, China

Riesig in ihrer Ausdehnung und angeblich sogar aus dem All sichtbar, erübrigt sich eine Präsentation der Großen Mauer. Ein Spaziergang auf ihr erinnert an chinesische Krieger, die die einfallenden Mongolen zurückschlagen, und an erfolglose Belagerungen. Sie ist ein Muss für jeden Reisenden, doch kann man den Touristenscharen entgehen, wenn man den Gang auf der Mauer bei Jinshanling beginnt.

Über 6250 km lang ist die Große Mauer, die im Norden Chinas zerklüftete Höhen, Wüsten und endlose Steppen durchzieht und vom Shanhai-Pass im Osten bis zum Jiayu-Pass im Westen reicht. Sie

Majestätisch windet sich die Große Mauer über die Höhenzüge bei Jinshanling.

Wachttürme unterbrechen die mächtige Mauer.

wurde im Lauf von 2000 Jahren errichtet und weiter ausgebaut. Der weitgehend restaurierte und meistbesuchte Abschnitt liegt bei Badaling. Eine lohnende Alternative, um den Besuchermassen zu entgehen, ist der 12 km lange Abschnitt von Jinshanling nach Simatai, wo die Mauer und ihre Umgebung einen Hauch von Wildheit und Ursprünglichkeit noch unverfälscht bewahrt haben.

Jinshanling liegt etwa 120 km nördlich der Hauptstadt Beijing, in der Region Hebei und wird von etlichen Reiseveranstaltern bedient, die die Reisenden hier absetzen und am Nachmittag in Simatai wieder abholen. Zwar ist die Mauer bereits beim Durchschreiten des

Der Bau der Großen Mauer im bergigen Nordchina forderte zahlreiche Menschenleben.

Die Große Mauer bei Samaria

Jinshanling-Tores sichtbar, aber erst nachdem man die aufwärts führenden Stufen hinter sich hat, erkennt man die Großartigkeit dieses Bauwerks. So weit das Auge reicht, windet sich die zinnenbewehrte Mauer über steile Höhen und abschüssige Täler und auf jedem Gipfel erhebt sich ein bewehrter Wachturm.

Ursprünglich erbauten sich bekriegende Herrscherdynastien aus der »Frühlings- und Herbstzeit« (722 – 481 v. Chr.) mehrere getrennte befestigte Mauern, die unter Kaiser Shi Huangdi (221 – 210 v. Chr.) aus der Qin-Dynastie zur großen Mauer ausgebaut und auf ihre jetzige Länge erweitert wurde. Mit einer durchschnittlichen Höhe von 6–16 m, einer Breite an der Basis von etwa 8 m und an der Mauerkrone von rund 6 m erwies sie sich für die Feinde als uneinnehmbares Hindernis. Selbst die Mongolen unter Dschingis Khan hatten Mühe sie zu durchbrechen, bevor sie 1215 Beijing einnahmen. Unter seinem Enkel Kubilai Khan, dem Begründer der Yuan-Dynastie, wurde die Eroberung Chinas abgeschlossen. 1368 kamen die Ming-Kaiser an die Macht, die den zügigen Ausbau der Mauer vorantrieben, um die im 16. und 17. Jahrhundert von Norden eindringenden Mandschu abzuwehren, denen es schließlich gelang, 1644 in Beijing einzumarschierten.

Von Jinshanling startend, ist die Mauer zunächst noch in gutem Erhaltungszustand, sodass man sich »aufwärmen« kann im Hinblick auf die zahlreichen Stufen, die man zu jedem Wachturm hinauf- und wieder absteigen muss. Auf dem Höhepunkt chinesischer Machtentfaltung schützte ein Heer von über einer Million Soldaten die Mauer. Blickt man von den Wachtürmen hinab auf die schroffen Höhenzüge, die die Mauer überquert, kann man sich unschwer die Leiden der Angreifer vor allem im Winter vorstellen, wenn sie sich, von Norden her kommend, erschöpft auf einen Angriff vorbereiteten. Von unschätzbarem Wert erwiesen sich die Wachtürme und die berittenen

Auf dem Abschnitt nach Samaria begegnet man nicht den Heerscharen von Touristen

Boten, die die Verteidiger an anderen Abschnitten rechtzeitig warnen konnten.

Je mehr man sich Simatai nähert, desto unmittelbarer erlebt man – wenn auch zunächst nur in den Beinen – die unglaubliche Größe dieses Bauwerks. Zugleich verschlechtert sich der Zustand der Mauer zunehmend, und an manchen Stellen ist sie so baufällig, dass behelfsmäßige Umgehungspfade errichtet wurden, sodass man die Mauer auch aus der Perspektive der Angreifer betrachten kann.

In Simatai überquert eine moderne Hängebrücke den Fluss, während Mutigere sich mit einer Seilschwebebahn talwärts befördern lassen können. Ein solch abruptes Ende einer Reise auf einem der mächtigsten Bauwerke der Welt mag daher etwas unpassend wirken.

Etliche Veranstalter aus Beijing bieten Ausflüge zu beliebten Abschnitten der Großen Mauer, darunter auch Jinshanling. Für die Wanderung nach Simatai sollten Sie 4–5 Stunden einplanen, denn das ständige Auf und Ab ist stellenweise recht mühsam. Die zahlreichen Verkäufer von Postkarten und Büchern zur Großen Mauer sollten Sie ignorieren, denn Letztere sind meist stark überteuert.

Verfallener Mauerabschnitt bei Simatai

Brücke bei Simatai

Eine Wanderung von Jinshanling nach Simatai kann streckenweise unerwartet ermüdend sein.

Blühende Wildblumen in der Samaria-Schlucht

Wildblumen entdecken

Paleochora, Kreta

Wandern auf dem Kamm des Gingilos

Auch als »Galápagos der Pflanzenwelt« bezeichnet, ist die griechische Insel Kreta für den ungewöhnlichen Artenreichtum an Wildblumen berühmt, die im Frühling ihre Pracht entfalten. Wohl kaum anderswo begegnet man auf dem Weg zu antiken Stätten einer so abwechslungsreichen Flora wie auf den einsamen Stränden, in der dramatischen Bergwelt oder in Europas längster Schlucht. Es ist ein denkwürdiges Erlebnis, auch wenn man kein Hobby-Botaniker ist.

Kreta, das vor etwa 10 Millionen Jahren vom benachbarten Festland abbrach und vom steigenden Wasserspiegel des Mittelmeers komplett isoliert wurde, ist heute die südlichste große Insel des griechischen Archipels. Die lange räumliche Isolation erklärt auch die ungewöhnlich hohe Zahl von über 170 endemischen, also nur auf dieser Insel anzutreffenden Pflanzenarten, wobei jedes Jahr neue, unbekannte Arten entdeckt werden.

Das Kretische Ebenholz (Ebenus cretica) ist ein verbreitetes, nur hier vorkommendes Schluchtgewächs.

Wer tatsächlich die lokale Pflanzenwelt entdecken will, muss von einem kundigen Führer wie etwa Jeff Collman begleitet werden, der ein gründlicher Kenner der typischen Flora Kretas ist. Viele Pflanzen, wie etwa eine zierliche, endemisch vorkommende Helmkraut-Art (Scutellaria sieberi), werden andernfalls leicht übersehen.

Ein dafür geeigneter »Lehrpfad« steigt vom Küstenort Paleochora zum 5 km nordöstlich gelegenen Bergdorf Anidri auf. Hier lohnt der Besuch der weiß getünchten byzantinischen Georgskirche mit ihren Fresken aus dem 13. Jahrhundert und der endemischen, lila blühenden Rutenglockenblume (Petromarula pinnata), die sich an den Außenwänden hochrankt. Oberhalb von Anidri, inmitten eines Olivenhains, steht eine winzige Bergkapelle, die einen herrlichen Fernblick auf das Meer bietet, bevor der Pfad sich bergab durch eine Schlucht mit pink blühenden Oleandern (Nerium oleander) windet und am Strand von Gialiskari endet.

Ein beliebter, auch längerer Wanderweg – Ausgangspunkt ist ebenfalls Paleochora – ist die Küstenroute von Sougia, 17 km östlich

Stechendes Sternauge (*Asteriscus spinosus*)

Centaurea raphanina

Siebers Krokus (*Crocus sieberi*)

Kretische Zistrose (*Cistus creticus*)

Abstieg vom Gingilos zur Samaria-Schlucht

Steinmale markieren die Wanderpfade.

gelegen. Man startet in einer dicht mit Hartkiefer (Pinus brutia) bewachsenen Schlucht, wo man mit etwas Glück auch die Stachelige Zichorie (Cichorium spinosum) mit ihren sägeförmig gezackten blauen Blütenblättern und auf Felsüberhängen den zierlichen Kapernstrauch (Capparis spinosa) entdecken kann.

Etwa auf halber Strecke verlässt der Pfad die baumlose Landschaft und erreicht ein Küstenbecken mit der Ruinenstätte Lissos aus hellenistischer und römischer Zeit. Hier kann man ein kleines Amphitheater, die Mosaiken eines Asklepios-Tempels, die Kirchen Panagia und Agios Kyriakos sowie die Gräber einer römischen Nekropole besichtigen. Zum Rückweg nach Paleochora steigt man wieder aufs Plateau und folgt dem schroffen Küstenverlauf.

Zwei der bekanntesten Wanderrouten auf Kreta – eine durchs Gebirge, die andere hinunter in eine Schlucht – haben als Ausgangspunkt das Dorf Omalos im Weißen Gebirge (Lefka Ori). Gingilos (2080 m) ist ein pyramidenförmiger Gipfel, der die berühmte Samaria-Schlucht überragt, die mit 17 km die längste ihrer Art in Europa ist und zu den beliebtesten Reisezielen auf Kreta zählt.

Der Aufstieg zum Gingilos ist mühsamer; er führt durch felsiges Gelände und vorbei an einem mächtigen Felsbogen, bis man nach vielen Serpentinen das Linoseli-Joch erreicht. Von hier ist es noch fast eine Stunde bis zum Gipfel. Dieser Wanderweg bietet die Gelegenheit, einige der selteneren endemischen Pflanzen Kretas kennen zu lernen, darunter die Ochsenzungenart Anchusa caespitosa und die Kretische Tulpe, die nur in großen Höhen wachsen.

Knorrige Wurzel einer uralten Zypresse

Die Samaria-Schlucht und der Samaria Nationalpark wurden mit Recht zum UNESCO-Biosphärenreservat erklärt, denn im Frühling lässt die Fülle und Vielfalt an blühenden Wildblumen eine Wanderung durch die Schlucht zu einem einmaligen Ereignis werden. Nach dem Start in etwa 1300 m Höhe geht es stetig bergab, durch einen Kiefernwald, vorbei an winzigen, malerischen Kirchen, verlassenen Dörfern, blühenden Päonien der Art Paeonia clusii und weiß blühendem Kleinfrüchtigen Affodill (Asphodelus aestivus) bis auf den Grund der Schlucht.

Antiker Marmorblock in Lissos

Nach einem langen, oft heißen Tag endet die Wanderung am Strand von Agia Rumeli, wo man sich ein kühles Bad gönnt. Dennoch: Selten hat eine Entdeckungsreise durch die Welt der Wildblumen so viel Spaß gemacht.

ⓘ

Wanderungen mit dem Botaniker Jeff Collman, dem Autor des Bandes »Walks with Crete's Spring Flowers«, bietet Freelance Holidays (www.freelance-holidays.co.uk) an. Selbst im Frühling kann es sehr heiß werden und in den Bergen Kretas gibt es wenig schattige Plätze und nur wenige Quellen mit Trinkwasser. Vor allem im Hochsommer ist die Samaria-Schlucht überlaufen, also empfiehlt es sich, möglichst früh am Morgen aufzubrechen oder außerhalb der Hauptsaison anzureisen.

Endstation Paradies

Dhoni Mighili, Malediven

Dhoni Mighili, das winzige Eiland im indischen Ozean, gleicht einem Paradies auf Erden.

Wenn Sie das Paradies auf Erden suchen, so kann es nur Dhoni Maghili sein: Türkisfarbenes Wasser, so weit das Auge reicht, feinster Korallensand, Sen-Spa, Abgeschiedenheit und höchster Komfort auf einer Trauminsel der Malediven.

Dhoni Mighili (»Bootsinsel«), ein winziges Eiland von knapp 250 m im Durchmesser inmitten des Indischen Ozeans, ist der Inbegriff für einen Traumurlaub der höchsten Ansprüche. Es gibt nur sechs Bungalows, sodass nie mehr als zwölf Gäste auf der Insel weilen und man den feinen, weißen Strand und die kristallklare Lagune weitgehend für sich allein hat. Vom Flughafen der Hauptstadt Male erreicht

man die Insel mit einem Wassertaxi in 30 Minuten oder mit einem eigens zu Ihrer Verfügung stehenden Dhoni, dem traditionellen maledivischen Segelboot, in einer etwa vierstündigen Überfahrt.

Die in Handarbeit hergestellten Zweimaster mit Lateinsegeln wurden speziell für jene Gäste gebaut, die eine Abwechslung von ihrem Bungalow wünschen und eine Weile auf dem Boot verbringen oder auf Entdeckungsfahrt gehen möchten. Jedes Boot hat große Deckflächen, eine Doppelkabine, einen luxuriösen Salon und ist voll klimatisiert. Wer nicht segeln oder schnorcheln will, kann sich einfach dem Müßiggang hingeben und an Deck auf einer der großen, bequemen Liegen ein Glas Wein oder einen Cocktail genießen.

Eine Wohltat für den Körper ist die »Himmlische Wonne« genannte Anwendung.

Genauso gut lässt es sich an Land entspannen: Sie können im eigenen Pool baden, im schattigen Garten des Bungalows liegen oder in einer luxuriösen Laube (Undholi) auf einer bettgroßen, mit Kissen ausgelegten Schaukel die Aussicht auf das Meer genießen.

Während Ihres Aufenthalts gibt es einen 24-Stunden-Rundum-Service. Dazu stehen Ihnen neben einem Butler, dem Thakuru, auch ein Kapitän und ein Steward auf dem Boot ebenso wie auf der Insel zur Verfügung. Ob ein Segeltörn bei Sonnenuntergang oder ein festliches Dinner am Strand unter dem klaren Sternenhimmel bei Kerzenschein – Sie müssen Ihren Wunsch nur äußern.

Wellness durch duftende Blüten

Aktivurlauber können windsurfen, mit dem Catamaran segeln, im Kajak in der Lagune paddeln oder bei Tauchgängen die farbenprächtige Unterwasserwelt kennen lernen. Wer jedoch seinen Körper verwöhnen will, dem bieten die fernöstlichen Sen-Wellness-Anwendungen die gewünschte Entspannung. Ob im Bungalow oder im Freien, unter dem Palmstrohdach, stets mit Blick auf das Meer, fällt es nicht schwer, das ersehnte Wohlgefühl zu erreichen

Das Wellness-Programm umfasst unter dem blumigen Namen »Himmlische Wonne« eine Ganzkörper-Behandlung, die dieses Versprechen auch einlöst. Dazu zählen Aromatherapie, Massagen und Wasseranwendungen, die alle ein Ziel haben – die Haut zu reinigen und ihr neue Frische zu verleihen. Wem noch der Jetlag zu schaffen

macht, der kann bei einem Dampfbad mit erhitzten Basaltsteinen wieder auftanken. Den krönenden Abschluss bilden Masken und Kurpackungen mit frischen Früchten, darunter Kokos, Papaya und Ananas.

Sich den kulinarischen Genüssen hingeben, das fällt auf Dhoni Mighili nicht schwer, und Meeresfrüchte nehmen dabei verständlicherweise eine wichtige Rolle ein. Üppig ist auch das Angebot an Südfrüchten. Natürlich können Sie vor der Ankunft auf der Insel ihre Lieblingsgerichte angeben bzw. was Sie nicht mögen, damit der Chefkoch Ihre Wünsche berücksichtigt. Selbstverständlich gehört auch zum Service, dass Ihnen die Mahlzeiten jederzeit wann und wo Sie wollen, serviert werden – ob im Bungalow, auf Ihrem Privatboot, am Strand oder sogar im Wasser.

Relaxen und sich erholen, das fällt sehr leicht auf Dhoni Maghili, viel schwerer fällt dagegen der Abschied aus diesem Paradies.

Dhonis, traditionelle maledivische Boote, vor dem Hintergrund der untergehenden Sonne

ⓘ

Reservierungen für das 2003 eröffnete Dhoni Maghili werden von verschiedenen Spezialveranstaltern für die Malediven und für Luxusreisen angeboten. Neu im Angebot des Betreibers von Dhoni Maghili – und sicherlich ebenso unvergesslich – ist die weltweit erste »Unterwasser-Wellnessoase«: Vom Flughafen von Male sind es mit einer luxuriösen Motoryacht 25 Minuten bis zum Hotel Huvafen Fushi auf der Insel Nakatcha Fushi im westlichen Nordmale-Atoll. Während der Anwendungen und Massagen kann man die einzigartige Unterwasserwelt und die vorbeiziehenden Fische in Muße beobachten.

Shopping im Suk
Marrakesch, Marokko

Die leuchtenden Farben im geschäftigen Basar, die roten Mauern der Medina, die betörenden Düfte der Gewürze, die Märchenerzähler, die Kunststücke der Schlangenbeschwörer und Feuerschlucker machen Marrakesch zu einem der exotischsten Orte für Schnäppchenjäger.

Seit Jahrhunderten ist Marrakesch ein bedeutender Handelsplatz. Berber und Araber, Nomaden und Stämme aus dem Atlas-Gebirge – sie alle treffen sich auf dem pulsierenden Platz Dschemaa el-Fna, wo

Dschemaa el-Fna erwacht erst abends zum Leben.

einst Händler aus Timbuktu, Ägypten und Europa mit Baumwolle, Gold, Silber, Sklaven und Gewürzen handelten. Seither scheint sich nicht viel verändert zu haben, und allein schon wegen dieses Treibens und Handelns lohnt sich ein Besuch der Medina, der Altstadt.

Vom Norden des Dschemaa el-Fna zieht sich zum Suk hin ein Labyrinth von engen Gassen, zu beiden Seiten von winzigen Buden gesäumt, vor denen Verkäufer lauthals um die Aufmerksamkeit der Vorbeigehenden buhlen. Während sie einst für ihre aufdringlichen Verkaufsmethoden berühmt – und berüchtigt – waren, sorgen heute uniformierte Beamte dafür, dass das Feilschen um kunsthandwerkliche Objekte recht locker und entspannt abläuft.

Fast sicher werden Sie sich mal in diesem engen Gewirr von Verkaufsstraßen, wo sogar der Himmel über den Köpfen der Besucher mit bunten Orientteppichen und Metallobjekten oder Ledererzeugnissen verhangen ist, verirren. Überwältigend ist die bunte Vielfalt an Waren, die hier feilgeboten werden: von den traditionellen Babouche

Seidenkissen im Dar les Cigognes

Die Babouche genannten Hausschuhe fehlen auf keinem Markt.

(den gelben ziegenledernen Hausschuhen) bis zu kunstvoll verzierten eisernen Laternen und anderen Metallerzeugnissen.

Lohnenswert ist der Besuch des Rahba Kedima (»Alter Platz«) im Nordosten des Suks, wo nicht nur Gewürzverkäufer ihre Kräuter anbieten, sondern auch Quacksalber neben Lotionen, Salben und Tinkturen getrocknete Echsen, Chamäleone, schwarze Skorpione als Wundermittel gegen die verschiedensten Zipperlein preisen. Vermutlich werden Sie sich aber nur für eine einfache, wenn auch wirksame Nacken- und Schultermassage entscheiden.

Wenn Ihnen Hektik und Hitze im Basar reichen, ziehen Sie sich zum Dschemaa el-Fna zurück und erfrischen Sie sich in einem der zahlreichen schattigen Cafés mit einem Pfefferminztee oder probieren Sie einen frisch gepressten Orangensaft.

Den Höhepunkt erreicht das Treiben auf dem Dschemaa el-Fna erst am späten Nachmittag, wenn Musikanten, in leuchtenden Farben gekleidete Wasserverkäufer, Tänzer, Akrobaten ambulante Briefeschreiber und Henna-Tätowierer den Platz bevölkern. Kurz

Farbenpracht im Suk

Hektisches Treiben prägt den Suk von Marrakesch

nach Sonnenuntergang beginnen die Restaurants unter freiem Himmel die Tische und Bänke aufzustellen, die Speisen anzurichten und bald schon erfüllen Rauchschwaden und Düfte die Luft.

Mit dumpfen Trommelschlägen und klagenden Tönen traditioneller Instrumente locken Schlangenbeschwörer die Tiere aus den Flechtkörben, Straßenverkäufer preisen schreiend ihre Waren, vor den Imbissbuden klappern die Schalen der zubereiteten Muscheln und Flammen lodern in den Garküchen. Auch wenn Dschemaa el-Fna »Versammlung der Toten« bedeutet, hier pulsiert das Leben.

Traditionelle rote Mauer in der Medina, der Altstadt von Marrakesch

Dekorative Zinnen krönen das Dach des Hotels Dar les Cigognes.

Wer das Treiben aus einer gewissen Distanz beobachten möchte, dem sei das Café Glacier empfohlen, von wo der Besucher eine herrliche Aussicht auf den Platz und auf die berühmte Kutubija-Moschee genießt, die eine weitere Attraktion der Medina darstellt.

Wer gänzlich der Hektik entfliehen und sich zurückziehen will, findet die Stille in einem von Marrakeschs Riads, jenen traditionellen, um einen Innenhof gruppierten Wohnungen, von denen viele in schicke Hotels umgewandelt wurden. In der Regel sind sie hinter alten, massiven Holztoren verborgen, die gar nicht ahnen lassen, dass sich dahinter Räume befinden, die oft eher einer Kunstgalerie ähneln. Um einen kühlen, schattigen Innenhof herum sind sämtliche Zimmer und die Fenster ausgerichtet. Sobald man einen Riad betritt, spürt man förmlich, wie man den Lärm, das chaotische Treiben der Außenwelt hinter sich lässt, eine Oase der Stille betritt und neue Kräfte für das nächste Abenteuer sammelt.

Tür einer Moschee im Suk

Deckenschmuck und verzierte Lampe im Dar les Cigognes

ⓘ

Dar les Cigognes (www.lescigognes.com) ist eines von Marrakeschs Luxus-Riads. Das im 17. Jahrhundert erbaute Haus eines Händlers wurde sorgfältig restauriert und verfügt über elf individuell dekorierte Zimmer. Es befindet sich gegenüber dem Königspalast und dem Badi Palace, verfügt über ein erstklassiges Restaurant, Wellness-Einrichtungen und eine herrliche Dachterrasse. Der Name Dar les Cigognes (dar bedeutet »Haus« und cigognes ist der französische Name für die Störche) geht auf die Störche zurück, die hier alljährlich auf dem Wall nisten.

Postkasten und lederner Schemel im Suk

Mit Beginn der jahreszeitlichen Wanderung durch die endlose Savannenlandschaft der Serengeti setzen sich hunderttausende Weißbartgnus, aber auch Zebras, Thomson-Gazellen und andere Huftiere in Bewegung. Wer ihrer Marschroute nach Nordwesten folgt, erlebt die weltweit größte Tierwanderung, in deren Verlauf schätzungsweise 1,8 Millionen Tiere bis zu 1450 km zurücklegen und dabei reißende Flüsse und andere gefahrvolle Hindernisse überwinden.

Wildtiere auf der Wanderung nach Norden

Östlich des Victoriasees erstreckt sich auf einem Hochland der 1951 geschaffene Serengeti Nationalpark, der 30 Jahre später zum UNESCO-Weltnaturerbe und Biosphärenreservat erklärt wurde und mit rund 12 500 km^2 der älteste und größte Nationalpark Tansanias ist. Neben den großen Tierwanderungen kann man auch viele andere Säuger beobachten, z. B. die »fünf Großen« – Löwe, Elefant, Büffel, Leopard und Nashorn –, die ebenfalls in der Serengeti heimisch sind.

An Bord eines eigens zur Tierbeobachtung eingerichteten Geländewagens kann man den Tieren sicher folgen. Ortskenntnis und

Den Gnus folgen

Die Serengeti, Tansania

Zebras suchen Schatten unter einem vereinzelten Baum im Grasland der Serengeti.

Zur brütend heißen Mittagszeit suchen Löwen schattige Plätz auf.

Giraffe im offenen Grasland

Zusammenarbeit zwischen Fahrer und Reiseführer erleichtern die tägliche Kontrolle der von den Tieren eingeschlagenen Route und steigern die Wahrscheinlichkeit, dass man den riesigen Herden begegnet und sie stundenlang beobachten kann.

Auf ihrem Weg nordwärts durch das hüfthohe, goldfarbene Gras wirbeln die schweren Tiere mit ihren Hufen die trockene Erde zu riesigen Staubwolken auf, während sie ihre Köpfe zurückwerfen. Die männlichen Tiere tragen Rangkämpfe aus, um schon zu Beginn der Wanderung ihr Territorium abzustecken und möglichst viele Weibchen um sich zu scharen, mit denen sie sich paaren werden. Bald schon kann man beobachten, wie kleine Gruppen erfolgreicher Bullen mehrere hundert Weibchen zusammentreiben und mit ihrem tiefen Brunftgebrüll das Trampeln der Hufschläge übertönen.

Der Beginn der großen Wanderung hängt vom Einsetzen der Regenzeit ab. Meist setzen sich die riesigen Herden Ende Mai, wenn das Wasser knapp wird, in Bewegung, um aus der Grassavanne im Süden in die Busch- und Baumsavanne im Nordwesten zu ziehen.

Auf ihren stets gleichen Marschrouten überwinden sie reißende Flüsse, z. B. den Grumeti, passieren den Westkorridor und erreichen danach Anfang Juni den Masai Mara National Reserve in Kenia. Auf dem beschwerlichen Weg lauern auch andere Gefahren – hungrige Löwen, Hyänen, Schakale, Leoparden und Geparde. Die Durchquerung der Flüsse fordert hunderttausende Opfer, wenn die erschöpften Tiere zur Beute gefräßiger Nilkrokodile werden oder einfach zu schwach sind, um die rettende Uferböschung zu überwinden.

Auch andere Huftiere schließen sich in der Serengeti dem Zug an, darunter massige Wasserbüffel mit ihren Furcht erregenden Hörnern, Herden von Giraffen, die in den Kronen der Akazien nach Blättern suchen, tausende Zebras sowie verspielte Paviane, die sich am Boden tummeln. Die Serengeti eignet sich auch bestens, um die

Großwild in der Serengeti

Zebras suchen oft die Nähe von Artgenossen, um besser gegen mögliche Angriffe gewappnet zu sein.

Elefanten scheuchen einen Adler auf.

majestätischen Löwen zu beobachten, die nach erfolgreicher Jagd träge an schattigen Stellen ruhen. Und nachts kann es durchaus vorkommen, dass man unweit vom Camp das laute Brüllen eines einsamen Löwenmännchens vernimmt. Mit etwas Glück bekommt man auch Elefanten zu Gesicht, die auf ihrem bedächtigen Weg durchs Grasland alles niederstampfen, oder Nilpferde, die sich unter den Augen der Krokodile im Schlamm suhlen, sowie Leoparden, die sich während der brütenden Mittagshitze gern auf Bäume zurückziehen.

Ein Löwe streckt sich unter einer Akazie.

Entspannen in einem luxuriösen Zelt eines Camps

Be iebt sind die Nachmittagssafaris.

Die Serengeti kann man nicht nur im Geländewagen erkunden, sondern auch vom lautlos dahingleitenden Heißluftballon aus, der ein überwältigendes Panorama über die riesigen Herden in der endlosen Weite der Savanne bietet. Bei der Rückkehr auf die Erde ist man weniger mit der Frage beschäftigt, wie hart vielleicht der Korb mit den Insassen auf dem Boden aufschlägt, als eher, wer einen aus dem hohen Gras wohl beobachten mag.

ⓘ

Spezialveranstalter wie Abercrombie & Kent (www.abercrombiekent.com) organisieren Touren mit Übernachtungen in komfortablen Zeltcamps, die den Routen der wandernden Tiere folgen. Jedes Zelt besitzt einen Schlafbereich, ein eigenes Bad mit warmer Dusche und fließendem Wasser sowie geschnitzte Möbel. Der Safari-Alltag setzt oft voraus, dass man, um die Tiere beobachten zu können, frühmorgens aufsteht und zum Frühstück wieder heimkehrt. Die zweite Beobachtungszeit ist der frühe Abend, wenn die Tiere ihre schattigen Verstecke wieder verlassen und sich zur Tränke begeben.

Ein Palast auf Rädern

Rajasthan, Indien

Das Rajputen-Fort von Chittaurgarh erstreckt sich über rund 279 Hektar.

Rajasthan ist das Land kunstvoll dekorierter Maharadscha-Paläste, stattlicher Forts, endloser Wüsten und bunter Städte. Wenn Sie nur sieben Tage haben, um diese Welt zu entdecken, so eignet sich dazu am besten eine Reise im Luxuszug »Palast auf Rädern«.

Der in Nordwestindien gelegene Bundesstaat Rajasthan ist die Heimat der Rajputen, einer herrschenden Kaste, die hier über 1000 Jahre regierte, bis die britische Kronkolonie Indien 1947 unabhängig wurde. Sie lebten nach einem strengen Ehrenkodex, ähnlich dem der europäischen Ritter, und waren für ihren Mut und Stolz weithin berühmt. Im 14. und dann zweimal im 16. Jahrhundert, als die Stadt

Eine Frau betritt in Jodhpur den Jaswant Thada.

Chittaurgarh von Feinden belagert war, zogen es die Rajputenfrauen vor, sich in einem Johar genannten Akt von Massenselbstmord auf die lodernden Scheiterhaufen zu stürzen, während sich die Männer deren Asche überstreuten und aufs Schlachtfeld zogen, wo sie ihrem unweigerlichen Tod entgegenritten.

Wer in Delhi an der Cant Station den Palast auf Rädern betritt, taucht in eine andere Zeit ein, als noch Maharadschas diesen Zug nutzten. Elegant gekleidete Bedienstete, Khidmatgers genannt, mit roten Turbanen und Seidenschärpen um die Taille helfen Ihnen beim Einstieg und verstauen Ihr Gepäck, wonach sie lautlos verschwinden und dann wieder mit kühlen Drinks erscheinen.

Blick vom Fort auf Jodhpur mit seinen blauen Gebäudemauern

Glasmosaiken im Lake Palace Hotel, Udaipur

Die heutigen Waggons sind eher ein Nachbau der einstigen Originale, aber die Maharadschas würden viele der Dekorationsstoffe und Muster für die Möbel mühelos wieder erkennen. In jedem Abteil überziehen golddurchwirkte rote Samtdecken das Bett, während im Flur und Aufenthaltsraum an den Wänden traditionelle indische Tuschezeichnungen mit Alltagsszenen hängen.

Bald weichen die Vororte von Delhi ländlichen Siedlungen mit Bauern bei der Feldarbeit, im Straßenstaub dahintrottenden heiligen Kühen, während es sich der Reisende in der Bar bei einem Glas Gin Tonic bequem machen kann. Während sich der Reisende zur Nachtruhe zurückgezogen hat, rollt der Zug weiter nach Südwesten, um am nächsten Morgen in Jaipur, der Hauptstadt des Bundesstaates Rajasthan, zu halten, wo Kamele, Kühe und indische Pkws der Marke Ambassador um einen Platz auf den überfüllten Straßen kämpfen.

Sobald man die ummauerte Altstadt, die »Pink City«, betritt, muss man höllisch aufpassen, um den Rikschafahrern und den fliegenden Händlern, die ihre Waren preisen, auszuweichen. Ein architektonisches Juwel ist der aus rosa Sandstein erbaute, fünf

Stock hohe kunstvoll verzierte Palast der Winde (Hawa Mahal). Unweit davon steht – keineswegs ein moderner Skulpturenpark im Freien, sondern das Jantar Mahar Observatorium, eine bizarre Sammlung riesiger Vorrichtungen für astronomische Berechnungen. Die Hauptattraktion liegt aber außerhalb der Stadt, auf einem Felsen – das Amber Fort, das einen Einblick in das einstige Leben eines Maharadschas vermittelt.

Weiter rollt der Zug westwärts, ins Herz der Thar-Wüste, und erreicht die »Goldene Stadt« Jaisalmer. Aus der öden Landschaft erhebt sich majestätisch das aus Sandstein erbaute Fort, das in der Abendsonne golden erglüht und die Stadt zu seinen Füßen beherrscht. Innerhalb der gigantischen Festungsanlage herrscht in dem Gewirr enger Gassen hektisches Treiben. In Jaisalmer selbst

Pfauenschwanzmotiv am Palast von Jaipur

Kunstvoll gearbeitete Mauern prägen die Havelis, die Häuser ehemaliger Händler, in Jaisalmer.

beeindrucken vor allem die traditionellen Havelis, mehrstöckige, reich dekorierte Häuser der Kaufleute aus Rajasthan.

Um die unwirtliche Wüste kennen zu lernen, verlässt man am besten den Palast der Winde und besteigt ein »Wüstenschiff«, um die 40 km entfernten wandernden Sanddünen von Sam vom Rücken eines Kamels aus zu erleben. Allerdings dauert es eine Weile, bis man sich auf das breitbeinige Sitzen im Sattel auf dem Höcker gewöhnt.

Östlich davon taucht die Sonne Jodhpur, die Heimat der berühmten Jodhpur-Reithosen, in warmes Licht. Jodhpur wird auch »Blaue Stadt« genannt, nach den kornblumenblauen Türen, die die Häuser der Kaste der Brahmanen kennzeichneten. Über der Stadt thront auf einer Anhöhe das bemerkenswerte Meherangarh Fort.

Einen starken Kontrast zu den üblichen Stadtansichten bildet der für seine Tigerbestände berühmte Ranthambhor Nationalpark, der ideale Ort, um die mächtigen Raubtiere zu entdecken. Dabei werden

Blick vom Lake Palace Hotel auf die Stadt Udaipur

Glasmosaiken im Lake Palace Hotel, Udaipur

Udaipur vom Dach des Lake Palace Hotels

Sie von kundigen Reiseführern im Safari-Geländewagen begleitet. Die Begegnung mit diesen Großkatzen, die lautlos durchs Unterholz schreiten, zählt sicherlich zu den unvergesslichen Momenten.

Ganz andere Eindrücke erwarten den Reisenden am nächsten Tag in den herrlichen Ziergärten und auf den überdachten Balkonen des berühmten Lake Palace Hotels auf der Insel Jag Niwas im Pichola-See in der romantischen Stadt Udaiphur, dem »Venedig des Ostens«.

Auf der Rückreise nach Delhi bleibt noch Zeit, Indiens berühmtestes romantisches Bauwerk zu besuchen: den Taj Mahal. Das aus weißem Marmor erbaute Mausoleum ließ der tief trauernde Mogulkaiser Shah Jahan ab 1632 als Symbol seiner ewigen Liebe für seine Lieblingsfrau Mumtaz errichten, die bei der Entbindung gestorben war.

Es gibt viele Wege, um durch Rajasthan zu reisen, aber wenn man in die Kultur und Vergangenheit dieses Staates eintauchen will, gibt es nichts Besseres, als in einem Palast auf Rädern zu reisen.

Lake Palace Hotel, Udaipur

ⓘ

Trans Indus (www.transindus.com), ein Spezialveranstalter, bietet individuell zugeschnittene Reisen mit dem Palast auf Rädern (www.palaceonwheels.net). Da man bei den einzelnen Sehenswürdigeiten recht viel zu Fuß unterwegs ist, sollte man es möglichst vermeiden, zur heißesten Zeit (April bis Juni) zu reisen, wenn das Thermometer im Schatten bis auf 45 °C ansteigen kann.

Trekking im Torres del Paine

Patagonien, Chile

Die Felsnadeln der Torres, die dem Nationalpark den Namen verliehen.

Überqueren einer baufälligen Hängebrücke auf der Trekking-Tour

Messerscharf ragen die spitzen roten Granitgipfel im Nationalpark Torres del Paine in den Himmel als unverkennbares Wahrzeichen Patagoniens, einer Region, die zu den unwirtlichsten Lebensräumen der Welt zählt. Im recht abseits gelegenen Nationalpark findet sich ein Netz von Wanderrouten, die ihresgleichen suchen. Sie umfassen hochalpine Landschaften, türkisblaue und jadefarbene Seen und Wasserfälle und die größten Gletscher der südlichen Halbkugel außerhalb der Antarktis. Da erstaunt es nicht, dass der Nationalpark Torres del Paine als der spektakulärste seiner Art gilt.

Rund 240 000 Hektar umfasst das UNESCO-Biosphärenreservat, wohin man vom unbedeutenden Städtchen Puerto Natales per Bus oder Fähre gelangt. Etwa 500 km südlich von Puerto Montt gelegen, dem Tor zum chilenischen Teil Patagoniens, erstreckt sich Natales am Ufer des Seno Ultima Esperanza (Bucht der letzten Hoffnung).

Wenn die Zeit reicht, so setzt man am besten mit der Fähre von Puerto Montt nach Puerto Natales über. Wie zu Zeiten von Darwins *Beagle* so erkämpft sich die Fähre ihren Weg zwischen hunderten von Eilanden, die Chiles Südwestküste säumen und wo der Anblick von Walen und Eisbergen nichts Ungewöhnliches ist. Die viertägige Reise ist eine einmalige Gelegenheit, Patagonien kennen zu lernen.

Äußerst brüchig und zerklüftet zeigt sich der Glacier Grey.

Die vierstündige Busfahrt von Natales auf einer staubigen Straße bis zum 112 km entfernten Nationalpark bietet Zeit, über die Bedeutung des Wortes »abgelegen« nachzudenken, da man nur unbewohntes Land passiert. Nach der Ankunft im Nationalpark entscheiden sich die Wanderer meist für die sechs- bis achttägige Paine-Rundreise, die entgegen ihrem Namen nur geradeaus führt.

Während andere Routen, wie etwa die durchaus lohnende Wanderung zu den steil aufragenden Zinnen, die dem Park den Namen gegeben haben, noch eindrucksvoller sind, ist der erstgenannte Weg von der Zeit und den Anforderungen her vorzuziehen. Den ein- bis zweitägigen Marsch zu den Gipfeln kann man zu Beginn oder am Ende der Trekking-Route absolvieren. Wenn Sie die Einsamkeit

Der Glacier Grey ist Teil des südpatagonischen Eispanzers.

suchen, sollten Sie die Rundreise erst nach etwa ein bis zwei Tagen unternehmen, nachdem die Fähre in Natales Scharen von Wanderern abgesetzt hat.

Sofern es das Wetter erlaubt – mitunter bedeckt Schnee den höchsten Pass –, führt die 100 km lange Rundreise um, durch und über das Paine-Massiv. Am besten startet man gegen den Uhrzeiger-

Vom Lago Grey genießen Wanderer einen herrlichen Fernblick auf das Paine-Gebirge.

Blick auf den Glacier Grey

sinn – so erlebt man eine stets dramatischere Landschaft und der Schwierigkeitsgrad steigt nur allmählich. Man passiert saftige Weiden, wilde Gebirgsbäche und wandert entlang dem Ufer des unberührten Lago Dickson mit den schneebedeckten Gipfeln im Hintergrund. Andere Seen, z. B. der Laguna Siete Perros (Sieben Hunde), sind von Eisbergen umgeben und bilden einen starken Kontrast zu den dicht bewaldeten unteren und mittleren Bergregionen.

Es gibt etliche anspruchsvolle Aufstiege zu hoch gelegenen Pässen bzw. recht steile Abstiege, die den müden Beinen kaum eine Ruhepause gönnen, aber die Szenerie ist in der Tat überwältigend. Alle Müdigkeit ist verflogen, wenn man hinunter, in die tief eingeschnittenen Eismassen des Grey Glacier blickt. Dieses Relikt des Eispanzers, der einst ganz Patagonien bedeckte, ist etwa 1500 Jahre alt und immer wieder kann man beobachten, wie er kalbt, d. h. wie riesige Eisbrocken abbrechen und in den Lago Gris stürzen. Da es von Patagonien nicht mehr weit bis zur Antarktis ist, muss man stets auf von Süden her aufziehendes extrem raues Wetter gefasst sein, wobei der Wind oft Orkanstärke erreicht.

Wer hier einen Hauch von Luxus sucht, dem sei am Lago Gris höchstens die Hosteria Grey empfohlen, eine etwas gewöhnungsbedürftige Schutzhütte, in der der Wind durch doppelt verglaste Fenster zurückgehalten wird. Vielleicht sollte man hier am Ende der Rundreise übernachten und sich nicht vor der wilden Schönheit des Torres del Paine zurückziehen.

ⓘ

Auf den Trekking-Touren im Rahmen der Paine-Rundreise wird in Schutzhütten übernachtet, für die man sich im Voraus anmelden sollte, oder in Camps. Rechtzeitige Reservierung ist auch für die Hosteria Grey zu empfehlen. Die beste, aber am stärksten überlaufene Reisezeit ist zwischen Dezember und März.

Am Ufer des einsamen Lago Dickson

Im Kajak auf dem Weg zu den winzigen Eilanden bei Candelero, Espíritu Santo

Mit den von Riesenkakteen übersäten Wüstenbergen, die bis an türkisblaue Buchten reichen, den Mantarochen, die durchs Wasser gleiten, und den vorbeiziehenden Schulen von Schwertwalen ist das unbewohnte Espíritu Santo ein ideales Gebiet für Kajaktouren im Meer.

Espíritu Santo heißen die zwei knapp 32 km langen Inseln, die eine bei Ebbe sichtbare schmale Landzunge miteinander verbindet. Die Isla Partida im Norden, und Isla Espíritu Santo im Süden liegen im Golf von Kalifornien, der das mexikanische Festland und die lang gezogene Halb-

Mit dem Kajak in Baja

Espíritu Santo, Mexiko

Kajaks in der Dämmerung auf Espíritu Santo

insel Baja California trennt. Das warme Wasser und die sonnensicheren Tage zwischen April und Oktober lassen das Training im Kajakfahren auf dem Meer recht angenehm erscheinen.

Vor rund 7 Millionen Jahren löste sich etwa 29 km nördlich der Küstenstadt La Paz Espíritu Santo nach einem schweren Erdbeben

Paddeln an den vielfarbigen vulkanischen Felsblöcken bei Candelero vorbei

entlang dem San Andreas Graben vom Festland, mit dem es heute noch unterseeisch verbunden ist.

Die Exkursion nach Espíritu Santo beginnt an Bord eines »Mutterschiffs«, eines motorangetriebenen Schiffs, auf dem Kajaks, Proviant und Ausrüstungen untergebracht sind. Wenn Sie sich entscheiden, die meisten Tage an dessen Bord zu verbringen, so müssen Sie auch kein Zelt oder Proviant während der Kajakfahrt mitschleppen.

Beliebter Ausgangspunkt für Kajakfahrten sind die Los Islotes, zwei winzige felsige Eilande nördlich von Espíritu Santo, die von »mexikanischem Schnee« bedeckt sind, wie die Einheimischen die beißend riechenden Exkremente der hier nistenden Vögel nennen. Interessant an diesen Eilanden ist die 300 Exemplare zählende

Riesenkakteen prägen das Bild der Insel.

Erfrischendes Bad auf Espíritu Santo

Kolonie Kalifornischer Seelöwen, denen man beim Schnorcheln hier begegnet. Espíritu Santo ist zwar nicht von Menschen bewohnt, aber über und unter dem kristallklaren Wasser herrscht hektische Betriebsamkeit. Hier tummeln sich über 500 verschiedene tropische Fischarten vom Stierauge mit seinen wulstigen Lippen und breiten Querstreifen bis zum Engelfisch, auch Kaiser von Mexiko genannt, mit seinem knallblauen Körper und dem gelben Streifen.

Riesenkakteen auf Espíritu Santo

Blick auf eine einsame Sandbucht von einer Höhle der Pericue-Indianer aus

Mit etwas Glück kann man auch den größeren Meeresbewohnern begegnen – hier lebt knapp ein Drittel aller Wale und Delphine. Von Januar bis März ist die günstigste Zeit, Grauwale und Buckelwale zu beobachten, während im April und Mai sich eher Blauwale, Pottwale und Finnwale zeigen. Groß ist auch die Wahrscheinlichkeit, Kolonien von Seelöwen oder Meeresschildkröten anzutreffen. Unter den Bewohnern der Lüfte sind es neben den Fregattvögeln vor allem die Braunen Pelikane, die man beobachten kann. Und wenn sie nicht auf Nahrungssuche sind, so stehen sie auf den Felsen.

Ein Highlight erwartet den Besucher in Candelero, weiter südlich an der Westküste von Espíritu Santo, wo sich das Camp befindet. Der schönste Strand der Insel ist mit roten Felsen übersät. Eine zerklüftete Felszunge ragt trennend in die Bucht, während ein Fels, den ein Kaktus krönt, ins Wasser weist. Drei winzige Eilande, bilden bei Sonnenuntergang eine besonders romantische Kulisse.

Wenn man die Küste weiter südwärts in Richtung Playa Ballen paddelt, das auf dem Festland liegt, erreicht man eine Stelle, wo man nach Besteigung des steilen Ufers einer Bucht zu einer 5000 Jahre alten Höhle gelangt. Sie diente einst den halbnomadisch lebenden Pericue-Indianern, die auf Espíritu Santo lebten, als Zufluchtsort. Sie streiften über die Insel, tauchten nach Venus- und Kammmuscheln und gingen mit gespitzten Speeren auf Fischfang.

Ob es die Stille und Unberührtheit eines menschenleeren Strandes ist oder der leichte Nebelschleier über dem Wasser, Sie werden sicherlich diese einmalige Erfahrung genießen, die Sie kaum für möglich gehalten hätten, während Sie im Kajak um Espíritu Santo paddelten. Das Einzige was man braucht, ist etwas Kraft zum Paddeln.

ⓘ

Baja Outdoor Activities (www.kayakinbaja.com) organisiert Exkursionen nach Espíritu Santo, darunter auch 9-tägige Rundfahrten um die Insel sowie »Quick Escapes«, die vier Tage und drei Nächte dauern. Es gibt auch Ausfüge mit Vollpension, bei denen Sie keinen Proviant mitnehmen müssen und die Ausrüstung auf einem Begleitboot untergebracht wird. Man kann auch für Proviant und Ausrüstung selbst aufkommen, in beiden Fällen jedoch finden die Exkursionen unter Leitung ortskundiger Reiseführer statt.

Im Kajak vorbei an roten Vulkanfelsen

Kajakfahrer vor der Playa Ballena

Fahrt im Reisboot
Kerala, Indien

Auf Keralas berühmten, von Kanälen durchzogenen Backwaters in einem komfortablen ehemaligen Reisboot durch grüne Reisfelder, Palmenplantagen und vorbei an winzigen Siedlungen zu gleiten ist eine einmalige Gelegenheit, diese einzigartige Region Indiens zu erkunden.

Ein Kettuvallam genanntes Reisboot auf den Backwaters

Üppiges Grün prägt den 550 km langen Küstenstreifen, der als Teil des Bundesstaates Kerala im Südwesten Indiens ans Arabische Meer grenzt. Hinter idyllischen Stränden und sandigen Buchten erwarten Sie die berühmten Backwaters, ein dichtes Netz von Kanälen, Lagunen und Seen, die auch als Indiens »Reisschale« gelten.

Der Legende nach wurde der Staat von Parasurama, der sechsten Inkarnation des Gottes Vishnu, gegründet, der unbewohntes Land suchte, um Yoga praktizieren zu können. Er warf eine Axt ins Meer und das durch den Wurf verdrängte Wasser zog sich zurück und bildete das Labyrinth von Kanälen. An Bord eines Kettuvallam, des traditionellen Langbootes, mit dem man den geernteten Reis beförderte, kann man durch eine idyllische, seit Jahrhunderten kaum veränderte Landschaft gleiten. Kinder tummeln sich im Wasser, Frauen waschen die Wäsche am Ufer und Bauern arbeiten wie ihre Vorväter auf den Reisfeldern.

Cochin ist auch für seine chinesischen Fischernetze berühmt.

Auf schmalen, von mächtigen Bäumen gesäumten Kanälen gelangt man zum Vembanad, dem größten Süßwassersee Indiens. Kakao-, Kokos- und Mangoplantagen grenzen an kleine Siedlungen, deren Häuser, Tempel und Moscheen aus Lehmziegeln erbaut sind. Immer wieder zweigen noch engere Kanäle ab, die nur ein Einbaum passieren kann und noch tiefer in dieses Labyrinth führen.

Traditionelles Fischen unweit des Kainady Homestay

Auf seinem Kettuvallam kann es sich der Reisende am Vorderdeck gemütlich machen und die freie Aussicht genießen. Im rückwärtigen Teil sorgt ein Dach aus Palmblättern für Schatten und führt zum Schlaf- und zum Kochbereich. Während man durch diese heitere, friedliche Landschaft gleitet, lässt der Duft der von der Crew zubereiteten Mahlzeit schon ahnen, womit sich der Reisende bald beschäftigen wird.

Der als Kuttanad bekannte Abschnitt der Backwaters erstreckt sich über 75 km zwischen Kollam im Süden und Cochin im Norden. Letzteres, bekannt auch als Kochi, ist der Ort, wo sich einem die Faszination Keralas erst richtig erschließt, denn seit 2000 Jahren zieht es Händler auf der Suche nach Gewürzen und Sandelholz hierher.

Cochins Küste war schon den Phöniziern und Römern und später Arabern und Chinesen bekannt, lange bevor es der Portugiese Vasco da Gama 1498 »entdeckte«. Die unterschiedlichsten kulturellen und religiösen Einflüsse prägen auch heute noch das Stadtbild. Wandert man frühmorgens am Ufer nördlich von Fort Cochin entlang, entdeckt man die nach uralter Tradition hergestellten und ausgeworfenen chinesischen Netze. Am Abend bietet sich der Besuch einer Kathakali-Vorstellung an, einer für Kerala typischen Kunstform, die Tanz, Märchenerzählung und Mimik vereint. Wahlweise können Sie auch bei einer Ayurveda-Therapie Entspannung finden, die überall in Indien bekannt ist, aber besonders in Kerala praktiziert wird.

Frische Tomaten auf dem Markt von Cochin

Für Touristenfahrten umgebautes Kettuvallam (Reisboot)

Die chinesischen Fischernetze von Cochin werden durch schwere Flusssteine gehalten.

Jeden Morgen legen Fischerboote mit ihrem frischen Fang im Hafen von Cochin an.

Wer Zeit und Muße hat, kann auf einer Exkursion ins bergige Munnar mit seinen Teeplantagen einen weiteren Kontrast erleben. Diese etwa 130 km östlich von Cochin gelegene Region ist das Zentrum von Keralas Teeanbau. Üppiges Grün bedeckt die sanften Hänge, auf denen die Teeblätter von Hand gepflückt werden.

Ob Sie die frische, kühle Bergluft genießen oder durch Keralas dichtes Netz an Wasserstraßen gleiten wollen, der Alltag in diesem abgelegenen Teil Indiens verläuft stets einen Tick gemächlicher.

Fischer auf einem chinesischen Netz

ⓘ

Der Spezialveranstalter Trans Indus (www.transindus.com) sowie andere Reisebüros organisieren individuell zugeschnittene Reisen durch Keralas Backwaters an Bord von Reisbooten und mit Aufenthalten auf Teeplantagen. Der Windermere Estate (www.windermeremunnar.com) bietet Unterkunft in Bungalows. Im Kainady Heritage Homestay kann man auf einem traditionellen Gehöft übernachten und das Leben in den Backwaters kennen lernen. Am Fluss Manimala in den Vororten von Kottayam gelegen, kann man von hier aus die Backwaters im Kanu oder per Boot erkunden, fischen gehen oder die Vogelwelt beobachten, aber auch Tempel und Kirchen besichtigen.

Freeriden im Vallée Blanche

Chamonix, Frankreich

Verborgen zwischen den hohen Gipfeln der französischen Alpen, liegt, oberhalb von Chamonix, die Vallée Blanche, Europas längste unpräparierte Skiabfahrt, die durch eine einmalige Schnee- und Gletscherwelt führt. Den Freerider erwarten neben dem zum Greifen nahe Mont Blanc von Spalten durchzogene Gletscher wie der Mer de Glace (Eismeer) und endlose Tiefschneefelder. Wohl kaum eine andere Abfahrt hinterlässt einen so unvergesslichen Eindruck wie die Vallée Blanche.

Blickt man von unten in Chamonix auf die hoch aufragenden Berge, kann man sich kaum vorstellen, dass zwischen ihnen hindurch eine rund 22 km lange Abfahrt möglich ist. Aus dem Tal in etwa 1100 m

Ausgang aus dem Eistunnel auf der Aiguille du Midi

Freerider auf dem Glacier du Géant

Höhe scheinen die Gipfel unerreichbar weit, doch befördert die welthöchste Seilbahn den Skifahrer hinauf ins unberührte Paradies.

Wer schwindelfrei ist, sollte sich dieses Erlebnis nicht entgehen lassen, selbst wenn er keine Skitour machen will. Von der Mittelstation in 2300 m Höhe führt die Seilbahn in etwas mehr als fünf Minuten über die weltweit längste Strecke – 1500 m – ohne Stützpfeiler bis auf 3800 m zum Gipfel Aiguille du Midi. Mit einem Anschlusslift gelangt man auf eine Aussichtsplattform in 3842 m, die einen ersten Eindruck über das Kommende vermittelt. Skifahrer gleiten talwärts in weiten Bögen durch den frischen Pulverschnee inmitten einer bilderbuchartigen Hochgebirgskulisse mit steil

aufragenden Felsnadeln wie den Grandes Jorasses, während sich in der Ferne das Matterhorn an der schweizerisch-italienischen Grenze erhebt.

Auf dem Weg von hier bis zur Stelle, wo die Skitour beginnt, beginnt man zu ahnen, dass dies kein normaler Tag wird wie auf einer x-beliebigen Skipiste, und es kündigt sich das erste Abenteuer an. Bergführer weisen die Skifahrer an, sich den Klettergurt anzulegen und anzuseilen, denn nach Verlassen des Eistunnels steigt man über einen etwa 200 m langen und messerscharfen Grat ab. Er weist eine Neigung von rund 30 Grad auf; die Hänge fallen auf einer Seite gut 2700 m tief Richtung Chamonix ab, während sie auf der anderen Seite 50 Grad steil sind. Das Überqueren dieses schmalen Grats scheint umso gefährlicher, wenn man die Skier angeschnallt hat.

Blick vom Grat hinab auf den Glacier du Géant

Skifahrer auf dem Glacier du Géant

Gemächliche Abfahrt unweit vom Talende der Vallée Blanche

Sobald man am Startpunkt angelangt ist, empfiehlt es sich, die klassische Route, die Vrai Vallée Blanche, einzuschlagen und durch den Glacier du Géant zu gleiten. Der erste Teil der Abfahrt endet in Sérac du Géant, einem zerklüfteten Eisbruch mit Eisbrocken, tiefen Spalten und Eishöhlen. Hier verengt sich der Kurs und man muss seinen Weg durch eine vereiste, seltsam anmutende Landschaft finden. Dabei ist die Begleitung durch einen Bergführer für die eigene Sicherheit unentbehrlich. Diese Welt aus blauem und türkisfarbenem Eis endet bei der Schutzhütte »Refuge du Requin«, die in 2516 m Höhe auf einer grandiosen Aussichtskanzel liegt.

Unterhalb der Hütte muss man einen Eisbruch überwinden, um das mit tiefen Spalten übersäte Eisfeld Salle à Manger (Speisezimmer) zu erreichen. Diese breite Fläche hat ihren Namen, weil sie sich bestens für eine kurze Rast unterhalb der mächtigen Gipfel der Grandes Jorasses eignet. Auch hier ist höchste Vorsicht vor den zahlreichen tückischen Gletscherspalten geboten.

Eisbruch oberhalb der Salle à Manger

Skifahren vor der Kulisse des zerklüfteten Aiguille du Midi

Das Mer de Glace, ein riesiger Eispanzer von 240 m Dicke und zweitgrößter Gletscher der Alpen, erstreckt sich über 7 km Länge und fällt gemächlich in Richtung Montenvers ab. Nach einem mäßigen Abstieg steigt man steile Stufen über Eishöhlen zu einer Seilbahn, die den Skifahrer zu einer malerischen Bergbahn führt. Die gemütliche Rückfahrt nach Chamonix bietet ausreichend Zeit, um über die längste unpräparierte Skiabfahrt der Welt nachzudenken, wohl wissend, dass Skifahren auf einer präparierten Piste sich nie mit diesem Erlebnis wird messen können.

ⓘ

Das Anheuern eines Bergführers ist allgemein zu empfehlen, es sei denn, Sie haben eine reiche Erfahrung auf Off-Pisten, d. h. auf nicht präparierten Skipisten. Bergführer stellen ebenfalls den Klettergurt sowie das LVS (»Lawinen-Verschütteten-Suchgerät«), auch Lawinenpieps genannt, und Lawinensonden zur Verfügung, die der Skifahrer am Körper trägt. In Chamonix bietet das Fremdenverkehrsamt zahlreiche Programme für Freerider in allen Schwierigkeitsgraden an.

Einsame Spur durch feinen Tiefschnee

Radeln zwischen Reisfeldern

Von Hanoi nach Saigon, Vietnam

Endlose Reisfelder, fruchtbare Hochebenen und Traumstrände entlang dem Südchinesischen Meer prägen Vietnam, das über die besten Radwege in ganz Südostasien verfügt. Seine bewegte kommunistische Geschichte unter Führung des Nationalhelden Ho Chi Minh, von den Vietnamesen liebevoll auch »Onkel Ho« genannt, macht eine Radtour von Hanoi nach Saigon zu einer bleibenden Erinnerung.

Wo immer man mit dem Rad unterwegs ist, überall begegnen einem lächelnde Menschen, winkende Hände und Begrüßungsworte. Nichts scheint den einheimischen Radfahrern mehr Freude zu bereiten, als dass man als Fremder an ihrer Seite radelt. Unvergesslich bleibt auch das Bild der Vietnamesen, deren freudestrahlende Gesichter unter dem typischen Strohhut einem mit Herzlichkeit begegnen.

Bauern auf einem Reisfeld entlang der Straße nach Nha Trang

Reisanbau bei Nha Trang

Vietnamese auf der Straße nach Huê

Eine Tour von Hanoi nach Saigon würde selbst für durchtrainierte Radfahrer mehrere Wochen dauern. Deshalb empfiehlt sich ein Veranstalter für Busreisen, wobei man die schönsten Strecken auf dem Rad zurücklegen und die Strecke nach Saigon innerhalb von zwei Wochen schaffen kann. Beliebter Startpunkt ist die ehemalige Kaiserstadt Huê, die 13 Stunden Zugfahrt südlich von Hanoi liegt.

Huê, ab 1687 Residenz der Nguyen-Kaiser und von 1802 bis 1945 Hauptstadt des vereinigten Annam-Reiches, besitzt noch etliche alte Kaiserpaläste und Pagoden. Als Radfahrer mögen einen die vielen Motorrad- und Mopedfahrer zunächst etwas verunsichern, doch sobald man Teil dieses dichten Verkehrstroms ist und ihm folgt, kann man dieses Gewusel entspannt genießen. Die erste Attraktion – das Grab von Kaiser Te Duc, der von 1847 bis 1883 regierte – liegt etwa

Markt in Hoi An

30 Minuten Radweg entfernt in den Vororten der Stadt, inmitten eines stillen Hains am Ufer des von Lotosblüten bedeckten Sees Luu Khiem.

Auf der Nationalstraße Nr. 1 geht es von Huê nach Süden zwischen schier endlosen Reisfeldern, auf denen Bauern die jungen Reispflanzen in die nasse Erde setzen. Der nächste Halt für den Radfahrer ist die Hafenstadt Hoi An, wo japanische, chinesische, französische und niederländische Zeugnisse die einstige Bedeutung dieser Stadt als Handelsplatz belegen. Ein Bummel auf der Straße Tran Phu führt vorbei an bunt dekorierten chinesischen Versammlungshallen, Handelshäusern und winzigen Läden, in denen man Papierlaternen, Seide und Kunstgewerbeprodukte erwerben kann.

Zu jedem Besuch Vietnams zählt auch die Erinnerung an den Krieg, der zwischen 1965 und 1975 tobte. Ein 24 km langer Abstecher

Verkaufsstand auf dem Markt von Dalat, dem Zentrum des Gemüseanbaus

Reisanbau mit natürlicher Überstauung auf einem Feld an der Straße nach Nha Trang

Kinder am An Khe Pass

südwärts nach Quang Ngai führt durch Reisfelder zum Dorf My Lai (während des Krieges Son My genannt), dem Schauplatz des wohl grausamsten Massakers dieses Krieges, wo US-amerikanische Soldaten 1968 504 Dorfbewohner niedermetzelten. Die Gedenkstätte zeigt u. a. ergreifende Fotos vom Tag des Angriffs auf das Dorf.

Ab Quang Ngai wird der Radfahrer körperlich gefordert: Die Nationalstraße Nr. 19 führt steil aufwärts über den Pass An Khe in die Truong Son Berge zu den Orten Play Ku und Buon Ma Thuot. Auf diesen Hochebenen hat sich das Landschaftsbild völlig gewandelt: Die Reisfelder weichen ausgedehnten Kaffee- und Teeplantagen und Parzellen, auf denen Bauern die verschiedensten Gemüse- und Blumensorten anbauen. Die sanft gewellten Straßen machen das Radfahren hier abwechslungsreicher als im flachen Küstengebiet.

Es folgt eine atemberaubende Strecke auf einer kehrenreichen Straße, die schließlich hinunter nach Nha Trang an der Küste führt. Es ist das führende Seebad Vietnams mit einer Promenade und einem Strand, die denen in den USA ebenbürtig sind, aber ihren

Mit dem voll bepackten Rad auf den Straßen von Saigon

Frauen karren Brennholz durch Hoi An.

Traditionelles Fischerboot aus Weidengeflecht vor der Küste von Nha Trang

Auf dem Weg zum Markt

Charme beibehalten haben. Mehrere eindrucksvolle Tempel erinnern an das Champa-Reich, das in Zentralvietnam von 200–1720 erblühte. Bevor es schließlich nach Saigon weitergeht, führt ein Aufstieg in die Berge zum ehemaligen französischen Erholungsort Dalat. Doch Vorsicht: Nachdem man bereits rund 100 km im Flachland geradelt ist und der Weg hierher so steil und lang ist, empfiehlt es sich, diesen Abschnitt lieber im Begleitbus zurückzulegen.

Krönung und Ende der Radtour ist Saigon, eine der dynamischsten Metropolen Südostasiens. Seit 1975 in Ho Chi Minh Stadt umbenannt, zeigt es sich chaotisch, hektisch und quirlig – der perfekte Ort, um an einer Bar die eigene Leistung als Radfahrer zu feiern.

ⓘ

Um der Regenzeit zu entgehen, sollte man in Vietnam am besten zwischen November und März unterwegs sein. Der Veranstalter World Expeditions bietet eine vorzüglich organisierte zweiwöchige Radtour von Hanoi nach Saigon, mit bester Unterkunft und englischsprachigen einheimischen Reiseführern. Wenn Sie in Saigon sind, sollten Sie unbedingt die Tunnels von Cu Chi besuchen, in denen sich die Vietcong-Kämpfer während des Krieges verborgen hielten.

Sahara-Festival
Douz, Tunesien

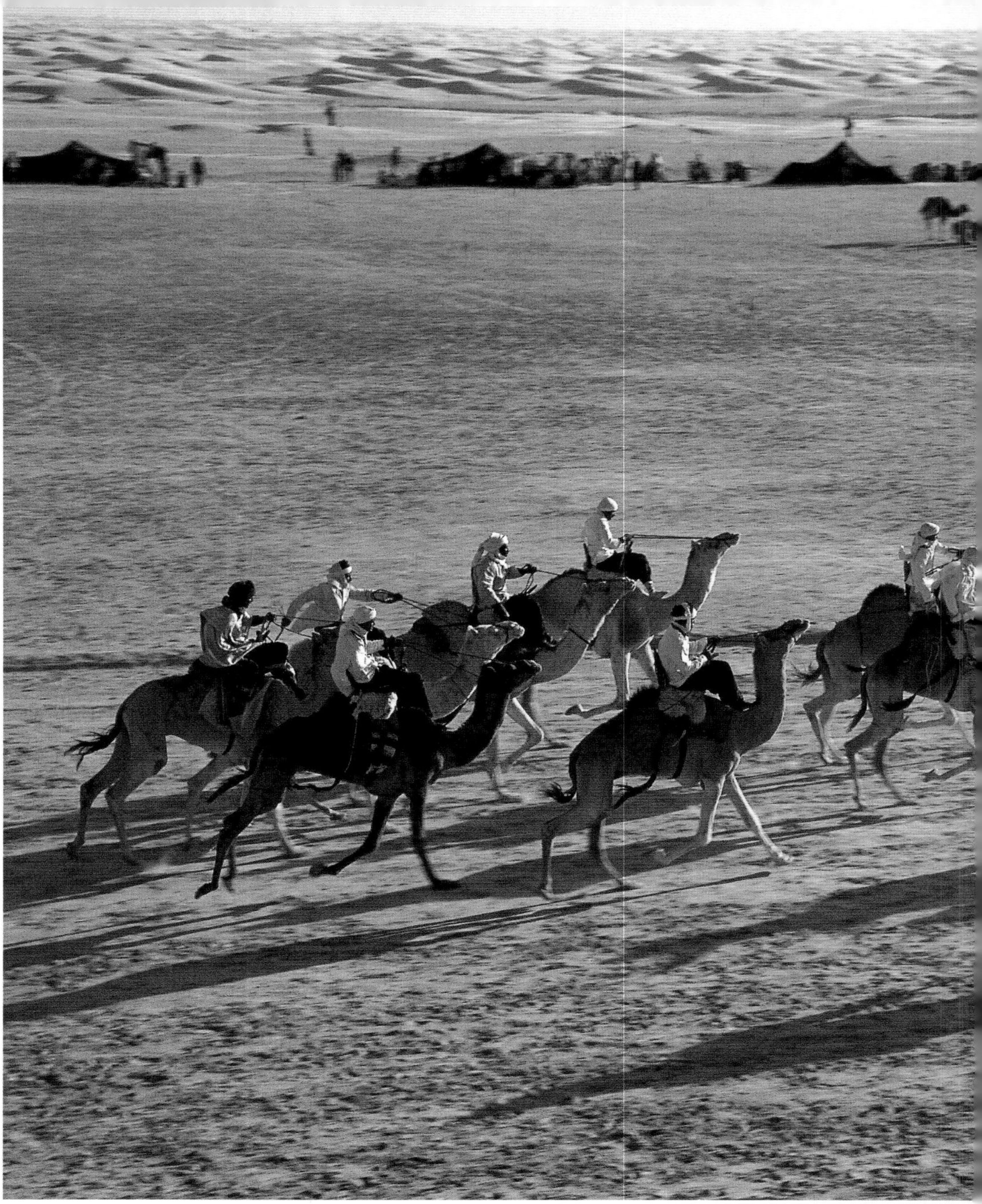

Wenn stolze beduinische Nomaden und ihre Kamelkarawanen in die tunesische Oasenstadt Douz strömen, um am Sahara-Festival teilzunehmen, geht es hoch her. Die Veranstaltung ist außerhalb Tunesiens zwar kaum bekannt, aber die Kamelritte, die Wettkampfatmosphäre, die Stammesspiele und die traditionelle Musik machen dieses farbenprächtige, ausgelassene Spektakel zu einem bleibenden Ereignis.

Mehari-Reitkamele auf der Zielgeraden

Junger Beduinen-Reiter

Douz selbst scheint zwischen den endlosen, gleißenden Sanddünen des Östlichen Großen Erg und der tellerflachen Fläche des Schott El Djerid in Zentraltunesien zu schwimmen. Eine Fahrt über die 50 km weite, spiegelglatt wirkende Fläche erinnert fast an die Unendlichkeit der Antarktis und ist sicherlich eine überaus kräftezehrende Strecke, bevor man überhaupt die Oasenstadt erreicht.

Die Stadt ist das Zentrum für fünf Beduinenstämme und wird vom 15 000 Mitglieder zählenden Mrazrig-Stamm beherrscht. Im Frühjahr werden die Ziegen und Schafe südwärts in Richtung Ksar Ghilane getrieben, um in der Ebene Nefazaoua zu weiden. Im Winter kehren Beduinen nach Douz zur Dattelernte zurück und diese jahreszeitliche Wanderung begründete einst das Festival. Offiziell wird es

Aus ganz Tunesien strömen Musikanten herbei.

seit 35 Jahren abgehalten, doch weiß niemand genau, wann es erstmals stattfand. Es bot den Stämmen Gelegenheit, ihr Können in Reitturnieren und anderen Wettkämpfen zu zeigen; dazu gehören aber auch musikalische und poetische Darbietungen.

Für die Beduinen war das Dasein hier schon immer ein Balanceakt zwischen Überleben in der Wüste und überschäumender Lebensfreude in der Oase. Davon zeugt auch das Stadion H'Niche, eine weite, offene Fläche und Hauptschauplatz des Festivals. Am

Rand der Stadt angelegt, wird es an einer Seite von Palmen begrenzt und geht auf der anderen Seite fast unmerklich in die Dünenlandschaft über.

Zuschauer füllen das Stadion, während Trommelklänge und die durchdringenden Töne der flötenartigen Zoukara den Beginn des Festivals ankündigen. Die Musikanten in ihren wallenden weißen

Angehörige verschiedener Stämme am Eröffnungstag

Trommeln und Zoukaras prägen den Rhythmus des Festivals.

Gewändern, knallroten Westen und dem Fez mit schwarzer Quaste auf dem Kopf drehen sich mit atemberaubender Geschwindigkeit im Kreis. Dann treten Beduinen auf und feuern Gewehrsalven in den Sand, während die Reiter hinter ihnen ihre Rosse bändigen.

Das angesehenste Ereignis ist der Kamelritt und angesichts des mit 4000 Euro dotierten Preises für den Gewinner wird umso entschlossener um den Sieg gekämpft. Ähnlich wie bei einem olympischen 800-Meter-Lauf rennen die sandfarbenen edlen Mehari-

Tänzer wirbeln umher am Eröffnungstag.

Reitkamele, die meist die Vorhut der Karawanen bilden und neue Weideplätze suchen, nebeneinander um die Wette.

Zwischen den Läufen wird vor der Kulisse der Dünen eine uralte lokale Geschichte erzählt. Sie berichtet vom tapferen Beduinenkrieger Mandour, der sich in ein Mädchen eines verfeindeten Stammes verliebt. Es folgen Streit und Ärger ... aber erzählen wir lieber nicht weiter. Eine andere sehenswerte Attraktion ist der »Haartanz«. Dutzende Mädchen in bunten Gewändern und die Gesichter verschleiert, knien auf dem Boden und schwingen, zu den Klängen einer hypnotischen Musik, ihre langen Haare in weiten Bögen, bis sie erschöpft zusammenbrechen.

Außer dem Finallauf in Kamelreiten finden am vierten Tag auch Wettrennen der Sloughi-Windhunde sowie ein Sandhockey-Spiel statt, bei dem die Hirtenstöcke als Schläger dienen. Den Höhepunkt bilden aber die Reiter, die in vollem Galopp wie Zirkusartisten die unglaublichsten Kunststücke vollführen. Eine laute Prozession kündigt formell den Abschluss des Festivals an. Schwarze Wollzelte werden abgebaut, das Geschirr wird verpackt, alles auf die Kamele verladen und in kurzer Zeit ist der Platz wieder menschenleer.

Während die Beduinen sich in einer langen, schlängelnden Reihe durch das weite Sandmeer fortbewegen, scheint ihr Heimweg nicht enden zu wollen. Fest steht, dass ihre innere Uhr sie nächstes Jahr wieder an dieselbe Stätte bringt, aber ihr schneller Aufbruch lässt vermuten, dass ihr Herz eher der Sahara als der Oase gehört.

ⓘ

Der Festivalbeginn schwankt jedes Jahr zwischen Ende November und Anfang Dezember. Während des Festivals strömen zahllose Besucher herbei, sodass es sich empfiehlt, die Unterkunft früh zu buchen. An den Abenden finden weitere Veranstaltungen statt, so z. B. die »Miss Sahara«. Der erste und der letzte Tag des Festivals sind am eindrucksvollsten.

Beduinenreiter mit ihren Kunststücken sind eine der Hauptattraktionen des Festivals.

Blick auf Tallinn und die Olaikirche vom Toompea-Hügel (Domberg) aus

Eine mittelalterliche Stadt

Tallinn, Estland

Tallinn mit seiner romantischen Lage am Ufer der Ostsee hatte eine Vorreiterrolle im Kampf um die Loslösung der baltischen Staaten von der ehemaligen Sowjetunion. In Nordeuropas ältester Hauptstadt hat die malerische Altstadt die modernen Entwicklungen weitgehend unversehrt überstanden und ein Spaziergang oder eine Radfahrt bleibt eine unvergessliche Reise ins ferne Mittelalter.

Estland erlangte seine Unabhängigkeit im August 1991. Knapp 13 Jahre später, im Mai 2004, trat es der Europäischen Union bei und schloss damit, optimistisch in die Zukunft blickend, seinen Übergang zu einem eigenständigen Staat ab. Die alte Hansestadt Tallinn, auch unter dem Namen Reval bekannt, verkörpert auf ideale Weise das neue Zeitalter und am besten kann man den Stolz der Esten auf ihre Heimat in der vorzüglich erhaltenen Altstadt erleben.

Zinnenbewehrte, mit roten Ziegeln gedeckte Bauten säumen die kopfsteingepflasterten Gassen der Altstadt, die von wehrhaften Mauern und Türmen umschlossen ist und seit 1997 UNESCO-Weltkulturerbe ist. Vor allem dank dieser Abwehranlagen – erhalten

Verkaufsstände am Rathausplatz

Tallinn prägen die mit roten Dachziegeln gedeckten Häuser.

blieben 26 Verteidigungstürme – hatte Tallinn im Laufe der Zeit kaum zu leiden und präsentiert sich heute mit stattlichen Bürgerhäusern und stolzen Kirchen. Die gotische Olaikirche war mit ihren 159 m einst Nordeuropas höchstes Bauwerk und ihre grünen Türme überragen heute noch die Stadt.

Kommerzieller Mittelpunkt ist der Rathausplatz, wo einst Messen, öffentliche Versammlungen abgehalten wurden und sogar Hinrichtungen stattfanden. Heute kann man sich hier in Muße in den traditionellen, aus Holz erbauten Läden auf Einkaufsbummel begeben oder in einem der zahlreichen Cafés sitzen, die den Platz säumen, und die modischen jungen Esten bewundern. Im Sommer erwacht das Mittelalter mit dem Altstadtfestival wieder zum Leben.

Wer eine andere Perspektive auf die Altstadt und Tallinns Lage an der Ostsee sucht, folgt dem Weg, der auf den Toompea Hügel, den Domberg führt, wo sich die Befestigungsanlagen und der Dom befinden. Von hier genießt man nicht nur einen herrlichen Blick auf die Stadt; eine der Hauptattraktionen ist hier die mächtige und reich geschmückte Alexander-Newski-Kathedrale. 1900 unter Zar Nikolaus II. erbaut, besticht der vielkuppelige Kirchenbau durch die goldenen Mosaiken. Und mit etwas Glück kann man auch erleben, wie die elf Glocken im Hauptturm zum Gottesdienst rufen.

Während des Abstiegs in die Altstadt führt ein Abstecher zum »Kiek in de Kök« (Guck in die Küche), einem mächtigen Kanonenturm aus dem 15. Jahrhundert, der einen Umfang von 17 m aufweist. Sehenswert ist auch der Mädchenturm, wo die Prostituierten einst eingesperrt wurden. Eines der ungewöhnlichsten Bauwerke der Stadt ist das Haus der Schwarzhäupter-Bruderschaft, einer im späten 14. Jahrhundert gegründeten Körperschaft unverheirateter Kaufleute. Der ursprüngliche Bau stammte aus dem 14. Jahrhundert, wurde aber zu Sowjetzeiten abgerissen, nach 1991 jedoch wieder aufgebaut. Das grün und rotfarbene Tor weist kunstvolle Verzierungen in Form goldener Blumen auf.

Einer der Türme der Befestigungsmauer

Blick auf die Altstadt vom Domberg aus

Tallinns buntes Postgebäude

Schmucke Cafés säumen den Rathausplatz.

Zu jedem Besuch Tallinns gehört ein Abstecher ans Ostseeufer, wo sich unter anderem Denkmäler aus der Sowjetzeit und zur Erinnerung an den Zweiten Weltkrieg erheben. Am besten steigt man dazu aufs Fahrrad. Mit Ausnahme des Dombergs (Toompea-Hügel) sind die Stadt und ihre Umgebung flach und daher per Rad bequem zu erkunden. Sie können sich auf eigene Faust auf den Weg machen oder sich einer geführten Tour anschließen. So vermeiden Sie die viel befahrenen Straßen und fahren vorbei an Parks und Palästen wie dem ehemaligen Zarenpalast Kadriorg. Und wenn Sie das Meeresufer erreicht haben und auf die weite Ostsee blicken, können Sie den unzähmbaren Freiheitswillen der Esten leicht nachempfinden.

ⓘ

Tallinn wird von den meisten internationalen Fluggesellschaften, darunter auch Estonia Air, angeflogen. Die Stadt verfügt über zahlreiche Unterkunftsmöglichkeiten; empfehlenswert ist u. a. das Hotel Drei Schwestern, ein ehemaliges Kaufmannshaus. Der Veranstalter City Bike ist im Sommer aktiv und bietet verschiedene geführte Radtouren durch Tallinn.

Die russisch-orthodoxe Alexander-Newski-Kathedrale

Auf Perlensuche

Tahiti, Französisch Polynesien

Die Suche nach einer perfekten schwarzen Perle, dem Juwel von Französisch Polynesien, bedeutet, ins kristallklare Wasserparadies einzutauchen, wo einst die berüchtigte Bounty vor Anker ging. Hier hatte deren Besatzung von Palmen gesäumte Strände, ein mildes Klima und exotische Früchte entdeckt. Wenig hat sich seither verändert, außer, dass die Besucher heute ihre Inselschätze erwerben können.

Tahitis kostbarstes Exportgut, die schwarzen Perlen, werden heute überwiegend gezüchtet und es dauert über fünf Jahre, bis sie die gewünschte Größe erreichen. Obwohl sie als schwarz beschrieben werden, weisen sie bei näherer Betrachtung schillernde Farbtöne mit Grün- und Purpurreflexen auf. Es ist eben diese Farbenvielfalt, die

Schnorcheln vor den Bungalows auf Stelzen auf Manihi

Schwarze Perle in der Muschelschale auf Tahaa

sie so begehrt und wertvoll macht. Die Suche nach der perfekten Perle führt Sie auf 35 verschiedene Inseln und 83 Atolle, die inmitten der unendlichen Weite des Südpazifiks verstreut liegen.

Das unberührte Manihi, rund zwei Stunden Flugzeit nordöstlich von Tahiti im Tuamotu-Archipel gelegen, ist eines dieser Eilande, die Sie ansteuern können. Um eine 60 km lange und 30 km breite Lagune erstreckt sich dieses irdische Paradies, das mit seinen weißen, von Palmen gesäumten Stränden der ideale Ort ist, um mit der Suche zu beginnen. Es soll die Heimat der weltberühmten schwarzen Perle sein und hier nahm auch 1965 der erste Zuchtbetrieb für schwarze Perlen in Französisch Polynesien seinen Betrieb auf. Heute ist Manihi als »Paradies der schwarzen Perlen« bekannt.

Die Suche nach diesem Juwel bedeutet weitaus mehr als lediglich ein Ausflug zu einem Nobeljuwelier. Das Kennenlernen der Entstehung dieser Perlen und anderer damit verbundenen Abläufe heißt auch, sich mit einer vom Meer bestimmten Kultur vertraut zu machen. Und ein Abstecher mit einem kleinen Wasserflugzeug oder per Boot zu den winzigen Inseln, wo die Perlen gezüchtet werden, ist schon an sich ein Abenteuer.

Südseeromantik pur – bequeme Bungalows im Wasser der Lagune von Manihi

Manihi ist da keine Ausnahme. Aus der Luft betrachtet, gleicht es einer feinen, auf einem tiefblauen Samtkissen aneinander gereihten Kette von Eilanden. Je tiefer man fliegt, desto deutlicher erkennt man Gruppen von Bungalows auf Stelzen inmitten der inneren Lagune – der perfekte Ort, um zu entspannen.

Die Ankunft auf Manihi zählt zu den recht ungewöhnlichen Reiseerfahrungen. Das Flughafengebäude wurde 1996 von einem Hurrikan weggefegt, sodass die auf ihren Flug wartenden Passagiere sich mit einem schlichten Dach aus Palmblättern als Schattenspender begnügen müssen. Als Willkommensgruß wird man mit einer Blumengirlande empfangen; danach wird das Gepäck auf einen Buggy verfrachtet und zwischen Kokospalmen geht es zur Unterkunft.

Auf Manihi befindet sich die größte Perlenfarm ganz Französisch Polynesiens; es gibt über 60 Betriebe, die sich der aufwändigen Perlenzucht widmen. Der Besuch auf einer Perlenfarm vermittelt einen Eindruck davon, wie lange es dauert, bis man eine Zuchtperle erhält. Ein Fremdkörper, der Perlkern, wird in die Auster Pinctada margaritifera (Seeperlmuschel) zwischen Schale und Mantel eingebracht. Damit die Produktion des schützenden Sekrets in Gang kommt, wird mit dem Kern auch ein winziger Fetzen fremden Zellgewebes eingesetzt. Das Perlmutter bildende Gewebe hat die Aufgabe, die Schalen auszubilden. Doch nicht immer ist das Verfahren erfolgreich. Experten schätzen, dass nur 30 % der Austern Perlen erzeugen, wovon wiederum nur ca. 10 % hochwertige Perlen sind. Und von ca. 25 000 Perlen sind nur etwa 3 % völlig rund, was ihren Verkaufswert erheblich steigert.

Perlentaucher auf der Perlenfarm von Manihi

Wenn Ihre Suche noch abenteuerlicher sein soll, besuchen Sie die nordwestlich von Tahiti gelegene grüne Insel Tahaa, auch als Vanille Insel bekannt. Hier können Sie an Bord traditioneller Kanus unmittelbar die Perlenfarmen im kristallklaren Wasser besichtigen.

Der Versuchung, ein solches Juwel in der natürlichen Umgebung seiner Aufzucht zu kaufen, kann man mitunter nicht widerstehen, was Ihre Suche allerdings kostspieliger macht als geplant.

Jasminbaumblüte auf Tahaa

ⓘ

Französisch Polynesien erkundet man am besten per Flugzeug. Da zwischen den Inseln meist Kleinflugzeuge verkehren, empfiehlt es sich, nur wenig Gepäck mitzunehmen. Die Preise für Nahrungsmittel und Getränke sind recht hoch, vor allem auf den entlegeneren Inseln, wo die Versorgung nur auf dem Luftweg erfolgt. Etliche Fluggesellschaften fliegen Papeete auf Tahiti an.

16
1
39
9
36
14
5
3
11
27
28
38
30
23
25
18
13
32
20
37
35
29
31
2
6
7
26
22

8
19
10
15
17
24
34
4
21
12
40
33

1 KLOCKA, SCHWEDEN
2 KAKADU, AUSTRALIEN
3 ISTANBUL, TÜRKEI
4 CHAA CREEK, BELIZE
5 BORDEAUX, FRANKREICH
6 SAMBESI, SAMBIA
7 SKELETTKÜSTE, NAMIBIA
8 PRINCESS ROYAL ISLAND, KANADA
9 INVERLOCHY CASTLE, SCHOTTLAND
10 MOAB, USA
11 KHENTII, MONGOLEI
12 ANGEL FALLS, VENEZUELA
13 ANNAPURNA, NEPAL
14 VERONA, ITALIEN
15 BIG SUR, USA
16 GOLDEN CIRCLE, ISLAND
SLOTS
17 LAS VEGAS, USA
18 CHITWAN, NEPAL
19 GOLDEN, KANADA
20 ASSUAN, ÄGYPTEN

21 PACAYA, GUATEMALA
22 FIORDLAND, NEUSEELAND
23 WADI RUM, JORDANIEN
24 NEW ORLEANS, USA
25 DAHAB, ÄGYPTEN
26 PAKIRI BEACH, NEUSEELAND
27 JINSHANLING, CHINA
28 PALEOCHORA, KRETA
29 DHONI MIGHILI, MALEDIVEN
30 MARRAKESCH, MAROKKO
31 DIE SERENGETI, TANSANIA
32 RAJASTHAN, INDIEN
33 PATAGONIEN, CHILE
34 ESPÍRITU SANTO, MEXIKO
35 KERALA, INDIEN
36 CHAMONIX, FRANKREICH
37 HANOI, VIETNAM
38 DOUZ, TUNESIEN
39 TALLINN, ESTLAND
40 TAHITI, FRANZ. POLYNESIEN

Nützliche Web-Adressen

Internationale Fluggesellschaften

Air China
www.air-china.co.uk

Air Namibia
www.airnamibia.com.na

Air New Zealand
www.airnewzealand.com

Alitalia
www.alitalia.com

British Airways
www.ba.com

Egypt Air
www.egyptair.com.eg

Estonian Air
www.estonianair.com

Iceland Air
www.icelandair.co.uk

Qantas
www.qantas.com

Royal Air Maroc
www.royalairmaroc.com

Royal Jordanian Airlines
www.rja.com.jo

Scandinavian Airlines
www.sas.se

Turkish Airlines
www.turkishairlines.com

Hundeschlittenfahrt, Schweden

Klocka Fjällgård
www.klockafjallgard.com
Tel: +46 647 16050

Schwedisches Touristenamt
www.visit-sweden.com

Aborigines, Australien

Australia Tourism Commission
www.australia.com

Odyssey Safaris
www.odysaf.com.au

Die Meerenge überqueren, Türkei

Türkisches Touristenamt
www.gototurkey.co.uk

Urwald und Korallen entdecken, Belize

Die Lodge am Chaa Creek
www.chaacreek.com
Tel: +501 824 2037

Turtle Inn
www.turtleinn.com
Tel: +501 824 4912

Abercrombie & Kent
www.abercrombiekent.co.uk
Tel: +44 0845 0700610

Touristenamt von Belize
www.belizetourism.org

Weinkostprobe im Schloss, Frankreich

Arblaster & Clarke
www.arblasterandclarke.com
Tel: +44 01730 893344

Französisches Touristenamt
www.francetourism.com

Rafting-Abenteuer, Sambia

Sun International
www.suninternational.com
Tel: +27 11 7807878

Batoka Sky Microlight Flights
www.batokasky.com

Touristenamt von Sambia
www.zambiatourism.com

Flugsafari, Namibia

Skeleton Coast Safaris
www.skeletoncoastsafaris.com
Tel: +264 061 224248

Touristenamt von Namibia
www.namibiatourism.com.na

Hotel Pension Onganga, Windhoek
www.onganga.com

Wilderness Safaris
www.wilderness-safaris.com

Geister-Bären, Kanada

Canadian Affair
www.canadian-affair.com
Tel: +44 020 7616 9185

Touristenamt von British Columbia
www.hellobc.com

Klemtu Tourism
www.klemtutourism.com
Tel: +1 250 8392346

Pacific Coastal Airlines
www.pacific-coastal.com

Fliegenfischen/Whisky, Schottland

Inverlochy Castle
www.inverlochycastlehotel.com
Tel: +44 01397 702177

Schottisches Touristenamt
www.visitscotland.com

Wandern unter Felsbögen, USA

Utah Travel Council
www.utah.com

Bowen Motel
www.bowenmotel.com

Krieger-Training, Mongolei

Nomads Tours and Expeditions
www.nomadstours.com
Tel: +976 11 328146

High & Wild
www.highandwild.co.uk

Touristenamt der Mongolei
www.mongoliatourism.gov.mn

Flussfahrt in ferner Welt, Venezuela

Geodyssey
www.geodyssey.co.uk

Himalaja-Trekkingtour, Nepal

Specialist Trekking
www.specialisttrekking.co.uk
Tel: +44 01228 562305

Touristenamt von Nepal
www.welcomenepal.com

Besuch der »Aida«-Oper, Italien

Arena di Verona
www.arena.it

Italian Tourism
www.enit.it

Hotel Accademia
www.accademiavr.it

Auf Kaliforniens Traumstraße, USA

Big Sur Chamber of Commerce
www.bigsurcalifornia.org

California Travel and Tourism Commission
www.visitcalifornia.com

Entspannen in Heilquellen, Island

Isländisches Touristenamt
www.icetourist.is

Hotel Björk, Reykjavik
www.keahotels.is

Hotel Selfoss, Selfoss
www.icehotel.is

Zocken im Spielerparadies, USA

Nevada Commission on Tourism
www.travelnevada.com

Elefantenreiten, Nepal

Specialist Trekking
www.specialisttrekking.co.uk
Tel: +44 01228 562305

Gaida Wildlife Camp
www.visitnepal.com/gaida

Heli-Hiking in den Rockies, Kanada

Purcell Lodge
www.placeslesstravelled.com
Tel: +1 250 3442639

Canadian Affair
www.canadian-affair.com
Tel: +44 020 7616 9185

Touristenamt von British Columbia
www.hellobc.com

Canadian Helicopters
www.canadianhelicopters.com

Feluke auf dem Nil, Ägypten

Experience Egypt
www.experience-egypt.com
Tel: +202 3028364

Den Vulkan besteigen, Guatemala

Touristenamt von Guatemala
www.mayaspirit.com.gt

Auf dem Milford Track, Neuseeland

Ultimate Hikes
www.ultimatehikes.co.nz
Tel: +64 3 4411138

Real Journeys
www.realjourneys.co.nz
Tel: +64 3 249 7416

Neuseeländisches Touristenamt
www.newzealand.com

Dairy Guest House, Queenstown
www.thedairy.co.nz

Air Fiordland
www.airfiordland.com

Kamel-Trekking, Jordanien

Touristenamt von Jordanien
www.see-jordan.com

Desert Explorer
www.desertexplorer.net
Tel: +962 3 202626

Feiern am Mardi Gras, USA

New Orleans Convention and Visitor Bureau
www.neworleanscvb.com

Pontchartrain Hotel
www.pontchartrainhotel.com

Krewe of Mid-City
www.kreweofmid-city.org

Mardi Gras
www.mardigras.com

Tauchen im Roten Meer, Ägypten

Experience Egypt
www.experience-egypt.com
Tel: +202 3028364

Reiten auf weißen Pferden, Neuseeland

Neuseeländisches Touristenamt
www.newzealand.com

Pakiri Beach Horse Riding
www.pakiri.co.nz
Tel: +64 9 4226275

Budget Rent-A-Car
www.budget.co.nz

Auf der Großen Mauer, China

Chinesisches Touristenamt
www.cnto.org

Wildblumen entdecken, Kreta

Freelance Holidays
www.freelance-holidays.co.uk
Tel: +44 0870 4422658

Griechisches Touristenamt
www.gnto.gr

Endstation Paradies, Malediven

Dhoni Mighili
www.dhonimighili.com
www.senspas.com
Tel: +960 450751

Seasons in Style
www.seasonsinstyle.co.uk
Tel: +44 0151 3420505

Maldivian Air Taxi
www.mataxi.com

Shopping im Suk, Marokko

Dar Les Cigognes
www.lescigognes.com

Den Gnus folgen, Tansania

Abercrombie & Kent
www.abercrombiekent.co.uk
Tel: +44 0845 0700610

Serengeti Balloon Safaris
www.balloonsafaris.com

Ein Palast auf Rädern, Indien

Trans Indus
www.transindus.com
Tel: +44 020 8566 2729

Palace on Wheels
www.palaceonwheels.net

Indisches Touristenamt
www.tourismofindia.com

Trekking im Torres del Paine, Chile

Blue Green Adventures
www.bluegreenadventures.com
Tel: +56 61 412911

Mit dem Kajak in Baja, Mexiko

Baja Outdoor Activities
www.kayakinbaja.com
Tel: +52 612 1255636

Mexikanisches Touristenamt
www.visitmexico.com

El Ángel Azul Posada, La Paz
www.elangelazul.com

Sheraton Centro Historico Hotel, Mexico City
www.sheraton.com

Fahrt im Reisboot, Indien

Trans Indus
www.transindus.com
Tel: +44 020 8566 2729

Indisches Touristenamt
www.tourismofindia.com

Brunton Boatyard
www.cghearth.com

Coconut Lagoon
www.cghearth.com

Windermere Estate, Munnar
www.windermeremunnar.com

Freeriden in Frankreich

Neilson
www.neilson.co.uk
Tel: +44 0870 3333356

Touristenamt von Chamonix
www.chamonix.com

Radeln zwischen Reisfeldern, Vietnam

World Expeditions
www.worldexpeditions.co.uk
Tel: +44 020 8870 2600

Nationales Touristenamt von Vietnam
www.vietnamtourism.com

Sahara-Festival, Tunesien

Tunesisches Touristenamt
www.tourismtunisia.com

Eine mittelalterliche Stadt, Estland

Touristenamt von Estland
www.visitestonia.com

Three Sisters Hotel
www.threesistershotel.com

Auf Perlensuche, Französisch Polynesien

Touristenamt von Tahiti
www.tahiti-tourisme.pf

Manihi Beach Pearl Resort
www.pearlresorts.com

Tahaa Marina Iti
Tel: +689 656101

Dieses Buch ist der Erinnerung an Steves Vater Don Watkins gewidmet. Stets lächelnd und ein leidenschaftlicher Reisender, wirkte er unendlich anregend und sprach uns Mut zu.

Danksagung

Besonderer Dank gebührt Nicky Ross, Christopher Tinker, Anthea Bull und David Cottingham von BBC Worldwide, Bobby Birchall von DW Design sowie Tessa Clark für ihre Hilfe, Professionalität und Begeisterung.

Danken möchten wir auch nachstehend genannten Personen für ihre Unterstützung und Ratschläge im Laufe dieses Projekts: Phil Nelson von Surf-Lines, Emily Grubb, Lalla Dutt und Martin Petts von BGB Associates, Neil Rogers, Amrit Singh, Vivek Angra, Sinna, Paul und Anne Leeson, Josie Heisig, Mick und Lucy Fleming, Charles Metcalfe, Andre Schoeman, Evan Loveless, Chris Aldilidge, Bet Bayar, Walaa Ezz El Din, Omar Masarweh, David Symes, Sarah Hopkins, Gillian Monahan, Gerard Braud, Chris Ladd, Jeff Collman, Ian Cheshire, Carter, Asma Rasheed, Elvis Barnabas, Ben und Alejandra Gillam, Manuel Rodriguez, Gordon Steer, Charlie Holmes, Vietnam Tour 04, Alex Nicolson, Peter und Heather Smith.

Impressum

Erstveröffentlichung: 2005

Besuchen Sie uns unter:
www.bruckmann.de

Übersetzung und Redaktion:
Erwin Tivig, Böblingen
Satz: Maren Gehrmann, Germering

Zusätzlicher Bildnachweis:
S. 55 (Geister-Bär) und
S. 156/157 (Dahab) Oxford
Scientific/photolibrary.com;
S. 108 (Las Vegas Strip bei Nacht)
© Bob Krist/CORBIS

Printed in Great Britain

Besuchen Sie uns unter:
www.bbcgermany.de

Deutsche Bibliothek –
CIP-Einheitsaufnahme
Ein Titeldatensatz für diese
Publikation ist bei der
Deutschen Bibliothek erhältlich.

ISBN 3-7654-4302-6